Zum Einbezug von Stakeholdern
in die Finanzwirtschaft der Unternehmung

Europäische Hochschulschriften

Publications Universitaires Européennes

European University Studies

Reihe V

Volks- und Betriebswirtschaft

Série V Series V

Sciences économiques, gestion d'entreprise

Economics and Management

Bd./Vol. 2615

PETER LANG

Frankfurt am Main · Berlin · Bern · Bruxelles · New York · Oxford · Wien

Jürgen Hiltrop

Zum Einbezug von Stakeholdern in die Finanzwirtschaft der Unternehmung

PETER LANG
Europäischer Verlag der Wissenschaften

Die Deutsche Bibliothek - CIP-Einheitsaufnahme

Hiltrop, Jürgen:

Zum Einbezug von Stakeholdern in die Finanzwirtschaft der Unternehmung / Jürgen Hiltrop. - Frankfurt am Main ; Berlin ; Bern ; Bruxelles ; New York ; Oxford ; Wien : Lang, 2000
(Europäische Hochschulschriften : Reihe 5, Volks- und Betriebswirtschaft ; Bd. 2615)
Zugl.: Bonn, Univ., Diss., 1999
ISBN 3-631-36469-5

Sigel: D 98
Graphische Bearbeitung, Satz und Layout:
Horst-Peter Geibig, Bonn.

D 98
ISSN 0531-7339
ISBN 3-631-36469-5

Danksagung

Die vorliegende Arbeit beschäftigt sich mit der finanzwirtschaftlichen Anspruchsgruppenintegration. Menschen und ihre Organisation in und zu Unternehmen hegen Ansprüche an ihre Umwelt, die nicht nur einer rechtlichen Absicherung unterliegen, sondern vielmehr auf vertrauensvoller Freiwilligkeit beruhen. Insofern geht die Arbeit über den Kernbereich der Ökonomie hinaus in den menschlichen Verhaltensbereich.

Ich möchte mich an dieser Stelle bei meinen Stakeholdern bedanken. Ich bedanke mich bei den Diplom-Volkswirten Brian Mandt und Hubert Vienken neben ihrer fachlichen Hilfe vor allem für ihre Freundschaft. Letzteres gilt zusammen mit ihrer moralischen Unterstützung für die Diplom-Volkswirte Babak Saed-Hedayatiy und Carsten Renk. Dem Staatswissenschaftlichen Seminar der Universität Bonn sage ich Dank für die angenehmen mir eingeräumten Arbeitsbedingungen, und insbesondere bedanke ich mich bei Frau Maria Marske und Frau Diplom-Bibliothekarin Brigitte Sussiek für den darüber hinaus gewährten freundschaftlichen Beistand. Das gleiche gilt für Gaby und Michael Klein mit ihrer jederzeit gewährten familiären Gastfreundschaft. Dank gebührt den Eheleuten Geibig für die drucktechnische Umsetzung dieser Arbeit und die dabei gebotene fachliche wie menschliche Unterstützung.

Ganz besonders gilt mein Dank meinem Doktorvater Professor Rainer Kühl, der mich nicht nur in meinem Doktorandenstudium mehr als nur wissenschaftlich geprägt hat, sondern mich vor allem als Mensch auf das Vorbildlichste beeindruckt. Schließlich gebührt Dank Professor Walter Schug für seine Anregungen und Vorschläge zur Verbesserung dieser Arbeit.

Jürgen Hiltrop   Bonn, im Juni 1999

Das erste Gesetz des guten Tones ist:
Schone fremde Freiheit.
Das zweite: Zeige selbst Freiheit.
Friedrich Schiller (1793)

Wo ich Dein bin,
bin ich erst ganz mein.
Michelangelo (1475 – 1564)

Demokratie entsteht,
wenn man nach Freiheit
und Gleichheit aller Bür-
ger strebt und die Zahl
der Bürger, nicht aber ihre
Eigenart berücksichtigt.
Aristoteles (384 – 322 v. Chr.)

Vorwort

Die Finanzpolitik der Unternehmung hat nicht nur ausschließlich die Interessen der Kapitalgeber im Sinne des in der neo-klassischen Theorie der Unternehmung postulierten Ziels der Gewinnmaximierung zu berücksichtigen. Das Harvard Policy Modell zeigt, daß Unternehmensentscheidungen eben nicht nur ausschließlich im Sinne des neo-klassischen Modellrahmens operieren und lediglich die Interessen der Eigenkapitalgeber berücksichtigen, sondern daß zusätzlich zu den Aufgaben der Ressourcenkoordination auch noch in bedeutendem Maße die Koordination von vielfältigen Anspruchsgruppen, die sich über facettenreiche Nichteigentümerinteressen manifestieren, kommt.

Allerdings bleiben diese Interessen und Wertvorstellungen häufig diffus, nicht qualifizierbar und selten explizit formuliert. Sie prägen aber das Denken und Handeln der Manager und über deren Vorbildfunktion, das ihrer Mitarbeiter. Neben dem in privatwirtschaftlichen Unternehmungen unstreitig dominierenden Gewinnstreben, das insbesondere in Aktiengesellschaften seit vielen Jahren in der Maximierung des Shareholder Value seinen Ausdruck findet, werden bisher zwar nur als Nebenbedingungen des Gewinnziels soziale und ökologische Verantwortungen des Managements berücksichtigt. Sollen nunmehr diese als implizit zu bezeichnenden Ansprüche ebenfalls gebührend berücksichtigt werden, sind Unternehmensentscheidungen durch realitätsnähere Erklärungsansätze zu ergänzen, die ihren Widerhall im sogenannten Stakeholder-Ansatz finden.

Will man die im Stakeholder-Ansatz zum Ausdruck kommenden unterschiedlichen Wertvorstellungen erfassen und sie darüber hinaus in ihrer Bedeutung für finanzpolitische Entscheidungstatbestände berücksichtigen, ist zunächst eine ordnende Bestandsaufnahme gefordert. Hier nun setzt die von Herrn Hiltrop vorgelegte Arbeit ein. Zunächst wird überzeugend dargelegt, wie die Genese des Stakeholder-Ansatzes aus den bekannten Koalitions- und Anreiz-Beitrags-Theorien der Organisationstheorie zu verstehen ist, und wie sich daraus unter Berücksichtigung personenbedingter Besonderheiten ein wertgerichteter und realitätsnaher Erklärungsansatz für Unternehmensentscheidungen entwickeln kann.

Bezogen auf die Finanzwirtschaft einer Unternehmung wird durch die von Herrn Hiltrop vorgenommene Differenzierung und Einordnung deutlich, daß Unternehmensentscheidungen und Unternehmensbewertungen nur unbefriedigend allein aufgrund von finanzmarktpolitischen Bedingungen zu erklären sind. Eine am Unternehmenswert ausgerichtete Führung hat eben nicht nur die aktionärsausgerichtete Bezugnahme zum Beteiligungskapitalmarkt zu berücksichtigen, sondern in zunehmend stärkerem Maße unterschiedliche Interessengruppen, deren Ansprüche im oben bezeichneten Stakeholder-Ansatz als personenbezogene Interessenbesonderheiten zum Ausdruck kommen.

Die vorliegende Arbeit zeigt nun überzeugend, wie diese expliziten und impliziten Ansprüche bezüglich einer angemessenen Bewertung von Unternehmen und ihrer Entscheidungen systematisch-methodisch zu erfassen und durch geeignete und nachvollziehbare Verfahren in entsprechenden Finanzmarktmodellen zu berücksichtigen sind. Durch eine diese Ansprüche berücksichtigende Weiterentwicklung des Capital Asset Pricing Modells über den in der Arbeit verwendeten interessanten Integrationsansatz wird gezeigt, wie die wichtigen Stakeholder Ansprüche im Hinblick auf eine praktische Anwendung zu modifizieren sind.

Damit ist dem Verfasser nicht nur eine methodisch anspruchsvolle Weiterentwicklung der Berücksichtigung impliziter Stakeholder Ansprüche in der Unternehmensführung im Bereich der Finanzwirtschaft gelungen, sondern gleichzeitig wird mit der Arbeit damit auch eine Brücke zwischen betriebs- und volkswirtschaftlichen Teildisziplinen im Sinne eines integrativen Betrachtungsansatzes geschlagen.

Professor Dr. Rainer Kühl — Bonn und Gießen im Januar 2000

Inhaltsverzeichnis

Abbildungsverzeichnis

1. Einleitung

1.1 Motivation der Arbeit

Grundlage jeglicher Beschäftigung mit dem Fach Ökonomie ist die Knappheit von Ressourcen ausgedrückt als deren Seltenheit in Relation zu den Bedürfnissen der Wirtschaftssubjekte. Die sinnvolle Verwendung[1)] der Ressourcen und ihr sinnvoller Einsatz unter gegebenen bzw. nur teilweise veränderbaren Rahmenbedingungen ist Ziel der Teilnehmer am marktwirtschaftlichen System. In einer auf Arbeitsteilung ausgerichteten Ökonomie lassen sich Unternehmen und Haushalte unterscheiden. Letztere als Ende der Kette im ökonomischen Leistungsprozeß bestimmen dabei in ihrem Aggregat den Wohlstand oder besser ausgedrückt das Wohlbefinden der Ökonomie, sei diese ein rechtliches Territorium wie z.B. ein Staat, eine organisatorische Struktur wie z.B. eine Unternehmung oder eine soziologische Gruppe wie z.B. die Arbeitnehmerschaft. Vorgeschaltet und sich nach den Bedürfnissen der Mitglieder einer Ökonomie zu richten habend ist die durch den bzw. im erwerbswirtschaftlichen Produktionshaushalt „Unternehmung“[2)] stattfindende Leistungserstellung.

Unabhängig davon, ob man eher der Say'schen Angebotsbestimmtheit oder der Keynes'schen Nachfragedeterminiertheit des ökonomischen Ergebnisses „Sozialprodukt“ zuneigt, wird deutlich, daß beide Gruppen von Wirtschaftssubjekten einander bedingen und beeinflussen. Dies geschieht auf Märkten, die trotz aller Unterschiede bezüglich Ausgestaltung und Ablauf primär den Kontakt zwischen Haushalten und Unternehmungen herstellen, aufrechterhalten und fortentwickeln.

Preise spiegeln dabei die wichtigsten Informationen hinsichtlich der Knappheit, der Tauschrelation und der Wertschätzung der gehandelten Güter wider. Sind Preise ein abstraktes Signal, so handelt es sich beim Gut „Geld“ um ein konkretes Instrument. In modernen Volkswirtschaften erfüllt Geld neben seiner Funktion als Zahlungsmittel und Numéraire auch Aufgaben als einheitliche Tauschgröße, liquides und haltbares Wertaufbewahrungsmedium und allgemein

---

1) Sinnvoll umfaßt hier Effizienz-, Verteilungs- und Stabilitätsgesichtspunkte oder eine Kombination dieser Punkte. Verhaltensmaximen wie Gewinn- oder Nutzenmaximierung bleiben hiervon ausgeklammert, da diese sich nach der Wirtschaftsordnung und Wirtschaftsverfassung unterscheiden können.

2) Die in den Rechtswissenschaften gelegentlich anzutreffende begriffliche Trennung in vermögensorientierte „Unternehmen“ und handlungsorientierte „Unternehmungen“ wird in dieser Arbeit nicht übernommen, weswegen beide Begriffe synonym verwandt werden.

akzeptierte Recheneinheit.[3] Darüberhinaus stellt Geld aber auch undifferenzierte Kaufkraft[4] in dem Sinne dar, daß es einen Anteil am volkswirtschaftlichen Ergebnis, also einen Anspruch an die Wertschöpfung, repräsentiert, den die Wirtschaftssubjekte durch Bereitstellung und Einsatz der Faktoren Boden, Arbeit, Kapital und technischen Fortschritt erhalten.

Sind Boden und Arbeit eher als ursprüngliche Faktoren zu bezeichnen,[5] so gewann mit dem Aufkommen von Unternehmungen spätestens seit der industriellen Revolution der Faktor Kapital verstärkt an Bedeutung. Anders als bei konsumierenden Haushalten ist Kapital eher bei den produzierenden Unternehmungen anzutreffen. Ebenso sind Unternehmungen im Gegensatz zu Haushalten diejenigen Wirtschaftseinheiten, die sowohl Gegenstand der Volkswirtschaftslehre wie erst recht der Betriebswirtschaftslehre sind. Von daher spielt die betriebswirtschaftliche Unternehmung als Stätte des volkswirtschaftlichen Transformationsprozesses eine besondere Rolle und in ihr insbesondere der Faktor Kapital.

Kapital läßt sich in Anlehnung an die Gelddefinition charakterisieren als potentielle Kaufkraft[6] des die Unternehmung darstellenden Vermögenswertes. Dabei läßt es sich in Real- und Finanzkapital unterscheiden, je nachdem, ob damit direkt oder indirekt – d.h. durch die Transformation des Finanzkapitals in eine reale Größe – eine produktive Nutzung verbunden ist.[7] Die Beschaffung und Verwendung potentieller Kaufkraft in Form des Kapitals beschreibt dabei denjenigen betriebswirtschaftlichen Teilbereich, der im deutschsprachigen Bereich Finanzwirtschaft genannt wird und in der englischsprachigen Literatur Eingang unter dem Begriff „Corporate Finance“ gefunden hat. Da in dieser Arbeit eine Brücke zwischen Volks- und Betriebswirtschaftslehre gespannt werden soll, ist

---

3) Die Adjektive weisen auf die Eigenschaften hin, die Geld zur Erfüllung seiner Aufgaben besitzen muß. Hinzu kommt die Knappheit, da prinzipiell jedes Gut zumindest einen Teil der Geldaufgaben übernehmen kann.

4) Vgl. Perridon, Louis und Steiner, Manfred (1993), S. 2.

5) Beispielsweise stellt das Quesnay'sche Kreislaufdiagramm auf Arbeit und Boden ab, wobei letzterer das Kapital der „Kapitaleigner“ Grundstücksbesitzer darstellt. Mag diese Überlegung auch die Interpretation von Grund und Boden als spezielle Kapitalform nahelegen, so wird sie aufgrund der vielfältigen Unterschiede hier nicht weiter verfolgt.

6) Vgl. Perridon, Louis und Steiner, Manfred (1993), S. 4.

7) Diese Unterscheidung erscheint eher operational als die bei Spremann, Klaus (1991), S. 5-6, da dessen Charakteristika von Realkapital teilweise auch für Finanzkapital gelten wie beispielsweise Mehrperiodigkeit und investitionsresultierend. Ähnlich ist die Realkapitaldefinition von Gutenberg, Erich (1958), S. 99 zu kritisieren, die als Summe aller investierten materiellen und imateriellen Güter des Unternehmens ebenfalls auf das Finanzkapital zutrifft.

eine Konkretisierung des Finanzierungsbegriffes nötig, der der besonderen Stellung der Unternehmung in volks- wie in betriebswirtschaftlichen Untersuchungen gerecht wird.

Ein Abstellen auf die Einhaltung des finanziellen Gleichgewichts, d.h. der jederzeitigen Zahlungsfähigkeit, zeichnet einen Großteil der maßgeblich von Erich Gutenberg geprägten Betriebswirtschaftslehre des deutschsprachigen Raums aus.[8] Demzufolge befaßt sich die monetäre Finanzierungsauffassung hauptsächlich mit dem Zugang disponibler liquider Mittel oder dem Zugang undifferenzierter Kaufkraft. Durch diese enge Auslegung werden allerdings weitere Begriffsinhalte wie Abgang finanzieller Mittel, Desinvestitions- und Abschreibungspolitik oder Sacheinlagen und Leasing vernachlässigt.[9]

Besser geeignet, die volkswirtschaftlichen Aspekte zu berücksichtigen, erscheint der kapitalwirtschaftliche Finanzierungsbegriff, nach dem jeder Finanzierungsvorgang mit einer Änderung des Kapitalvolumens und damit des Vermögensumfangs verbunden ist.[10] Hierdurch werden auch und vor allem die oben ausgeschlossenen Investitionsentscheidungen einbezogen. Zur vollständigen Erfassung auch volkswirtschaftlicher, das Unternehmen berührende Finanzierungsmaßnahmen soll dieser kapitalwirtschaftliche Begriff dahingehend modifiziert werden, daß unter Finanzierung der Verkauf von Ansprüchen an künftige Cash Flows verstanden werden soll. Damit wendet man sich von der einseitigen Kapitalbeschaffungsinterpretation hin zur Kapitalverwendungsinterpretation, wie sie auch in der englischsprachigen Literatur vorherrscht.[11] Hierdurch kann die Gestaltung der Beziehungen der Unternehmung zu ihren Kapitalgebern erfaßt werden, die aber im Rahmen dieser Arbeit erweitert werden sollen um die Personengruppe der sogenannten Stakeholder.

In dieser Hinführung zum Thema ist auch die Motivation zu suchen. Das Wechselspiel zwischen Volkswirtschaftslehre als eher theoriegeleiteter Wissenschaftsdisziplin und Betriebswirtschaftslehre als eher anwendungsbezogener Wissenschaftsdisziplin kommt besonders in der Finanzierungslehre von Unternehmen zum Ausdruck, da der Unternehmensbereich wie der Finanzierungsbereich, wie oben dargestellt, an der Schnittstelle zwischen Volkswirtschaft als Makrogebilde und Betrieb als Mikroeinheit fungieren. Verstärkt wird diese

---

8) Vgl. das Grundlagenwerk von Gutenberg, Erich (1980) sowie beispielhaft das Lehrbuch von Wöhe, Günter und Bilstein, Jürgen (1994).

9) Vgl. Vormbaum, Herbert (1981), S. 22-24.

10) Vgl. Swoboda, Peter (1994), S. 2.

11) Als maßgeblich sei hier das führende Lehrbuch von Brealey, Richard A. und Myers, Stewart C. (1996), insbesondere Kapitel 19 genannt.

Sichtweise, wenn man zusätzliche Ansprüche unternehmensinterner wie -externer Personengruppen an ein Unternehmen zu berücksichtigen versucht, wie es im folgenden durch die sogenannten Stakeholder geschehen soll. Ursprünglich als betriebswirtschaftlicher Ansatz entstanden, soll das Stakeholdermodell auf volkswirtschaftliche, d.h. finanzierungstheoretische Ansätze übertragen und angewandt werden. Dieses „Fremdgehen" eines, zumal auch in der betriebswirtschaftlichen Literatur noch nicht sonderlich entwickelten Ansatzes ist auf der einen Seite sehr reizvoll, birgt aber auch die Gefahr, daß sich ein Ergebnis herausstellt, welches lautet, diesen Weg nicht weiterzuführen. Mag so ein Resultat für den Verfasser einer Arbeit vielleicht auch enttäuschend sein, so hat es doch für die Community of Science den Vorzug zu wissen, daß dieser Weg nicht nochmals eingeschlagen zu werden braucht. Weiterhin wird diese Zielsetzung der Arbeit dadurch motiviert, daß verschiedene Teilbereiche beider Ökonomiedisziplinen berührt werden und teilweise auch benachbarte Disziplinen wie Soziologie oder Rechtswissenschaft angesprochen werden müssen. Das nährt die Hoffnung, aufzeigen zu können, daß sich zumindest die beiden großen ökonomischen Teildisziplinen nicht diametral einander gegenüberstehen, sondern eher ein komplementäres Verhältnis zueinander haben.[12)] Ökonomisch gesprochen sind Betriebs- und Volkswirtschaftslehre nicht Substituts- sondern Komplementär-"güter".

1.2 Problemstellung und Aufbau der Untersuchung

Der Zielsetzung der Arbeit entsprechend, eine Verbindung zwischen Betriebswirtschaft und Volkswirtschaft herzustellen, sind die einzelnen Gliederungspunkte teils eher theoretischer und teils eher anwendungsbezogener Natur.

Um dem Thema der Arbeit, dem Einbezug von Stakeholdern in die Finanzwirtschaft, gerecht werden zu können, zielt der strukturelle Aufbau der Arbeit auf die Beantwortung der drei folgenden Fragestellungen ab.

1. Was sind Stakeholder? Die Beantwortung dieser Frage geschieht in einer Hinführung zum Stakeholder Ansatz, wie er sich aus der Entwicklung der Theorie der Unternehmung ergibt. Hierbei werden vor allem die Unterschiede, aber auch Gemeinsamkeiten zwischen der neoklassischen Sichtweise der Unternehmung und derjenigen des Stakeholder Ansatzes verdeutlicht.

---

12) Hier wird die Auffassung vertreten, daß die Trennung in Betriebs- und Volkswirtschaftslehre historisch begründet ist; die Trennung in beide Wirtschaftsdisziplinen aber unabhängig von ökonomischen Fragestellungen und Argumentationstechniken ist.

2. Warum bedarf es eines Einbezuges von Stakeholdern in die Finanzwirtschaft? Zur Beantwortung dieser Frage ist eine zweckentsprechende Darstellung des Stakeholder Ansatzes erforderlich, insbesondere der die Stakeholder ausmachenden impliziten Ansprüche. Als Besonderheit wird dabei eine Charakterisierung von Stakeholdern gewählt, die von der bisher üblichen Sichtweise abweicht, indem sie ausschließlich implizite Ansprüche berücksichtigt. Dieses Vorgehen ist insbesondere für die folgende letzte Fragestellung von Bedeutung. Die Beantwortung dieser Frage wird aufzeigen, daß bei Berücksichtigung von Stakeholdern in dieser Weise eines der zentralen Prinzipien der Finanzierungslehre, das Prinzip der Werteadditivität, nicht zu gelten braucht.

3. Wie sind Stakeholder in die Finanzwirtschaft einzubeziehen? Durch die gewählte Abgrenzung von Stakeholdern von sonstigen Anspruchsgruppen mit expliziten Ansprüchen kann im Rahmen einer personellen Vervollständigung ein Ansatz aufgezeigt werden, der einen Einbezug von Stakeholdern in die Finanzwirtschaft ermöglicht und gleichzeitig für Ansätze der Unternehmensführung wie das Shareholder Value Konzept geeignet ist. Dabei werden die zuvor aufgezeigten Folgen von impliziten Ansprüchen entsprechend berücksichtigt.

Die inhaltliche Entwicklung der Arbeit und die Beziehung der einzelnen Abschnitte zueinander stellt sich wie in Abbildung 1 dar.

Abbildung 1: Beziehungsgeflecht

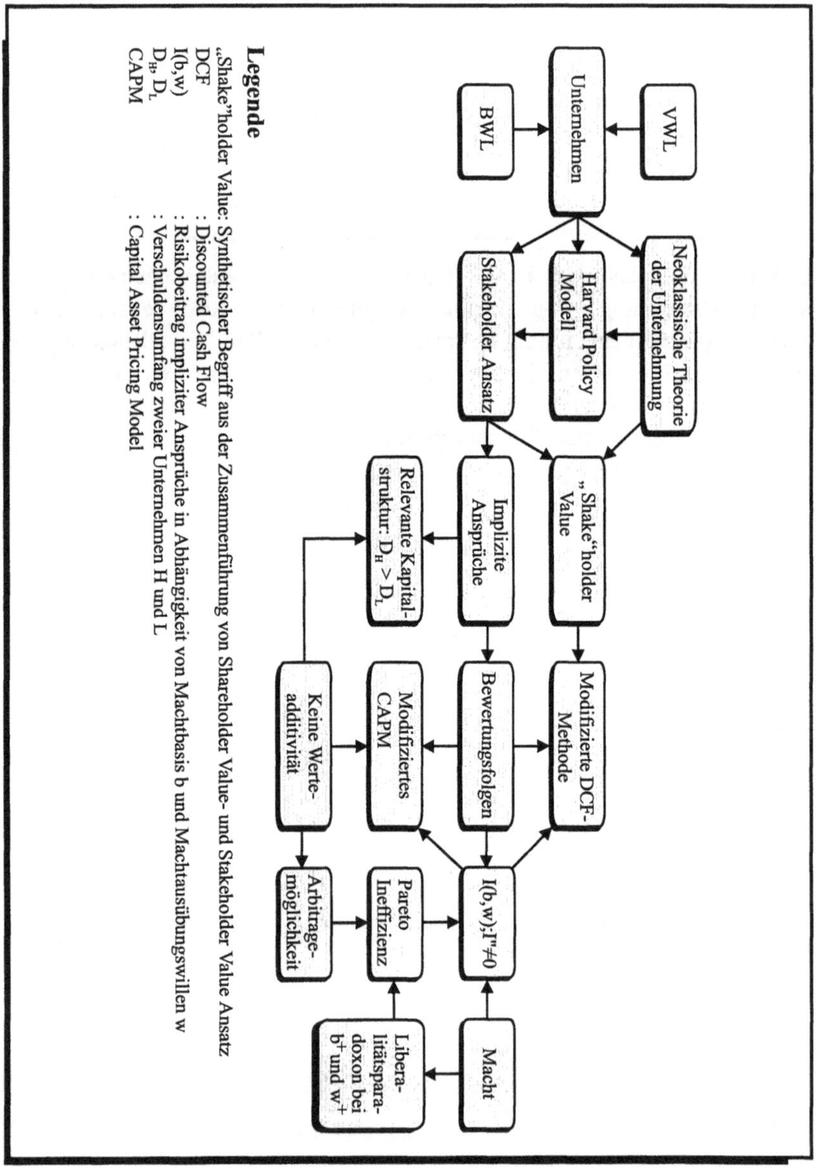

Quelle: Eigene Darstellung.

Ausgehend von der neoklassischen Theorie der Unternehmung, die in ihren konstitutiven Grundzügen und einigen wichtigen Entwicklungslinien dargestellt wird, erfolgt eine Hinführung zum Stakeholder Ansatz. Das Harvard Policy Modell als eine betriebswirtschaftliche Ausgestaltungsform der Theorie der Unternehmung dient als Bindeglied und aufbauend auf seiner Kritik dazu, zum Stakeholder Ansatz zu führen. Dieser wird danach dargestellt und erläutert, wobei volkswirtschaftliche Bezüge zur neoklassischen Theorie der Unternehmung und betriebswirtschaftliche Anknüpfungspunkte zum Harvard Policy Modell aufgezeigt werden. Besondere Beachtung findet dabei die Personengruppe der Stakeholder und insbesondere die sie ausmachenden impliziten Ansprüche. Der Einbezug dieser impliziten Ansprüche in die Finanzmarkttheorie und Finanzwirtschaft ist Kern der Arbeit. Hierbei erfolgt einerseits eine Vervollständigung der Finanzmärkte auf der personellen Ebene, und es werden andererseits die Einflüsse auf Grundprinzipien der neoklassischen Finanzmarkttheorie untersucht. Insbesondere wird argumentiert, daß die Eigenschaft der Werteadditivität im Stakeholder Ansatz nicht gegeben ist. Hieraus werden dann die entsprechenden Folgerungen für die Kapitalstruktur- und Investitionsentscheidung der Unternehmung abgeleitet. Dies geschieht zum einen über ein einfaches Signalisierungsmodell und zum anderen über eine geeignete Modifizierung des Capital Asset Pricing Modells. Die hieraus gewonnen Erkenntnisse werden anschließend benutzt, um im Rahmen einer praktischen Umsetzung eine Integration von Shareholder Value- und Stakeholder Ansatz herbeizuführen. Hierdurch erfolgt gleichzeitig eine Anknüpfung an die zuvor erörterte neoklassische Sichtweise der Unternehmung. Dabei wird wie auch bei der Behandlung impliziter Ansprüche zuvor auf deren Externalitätencharakter und Internalisierungsmöglichkeiten eingegangen. Die Arbeit schließt mit einer würdigenden Zusammenfassung der Ergebnisse.

1.3 Methodologische Vorüberlegungen

Neben dem „Was" und „Warum" einer Arbeit ist auch das „Wie" von Bedeutung. Mit der Frage, wie Wissenschaft betrieben werden sollte und auch wie sie betrieben wird,[13)] beschäftigt sich die Methodologie. Methodologie stellt die Wissenschaft selbst ins Zentrum der wissenschaftlichen Arbeit. Für den Bereich

---

13) Aus dem Nebensatz wird ersichtlich, daß Methodologie wie Theorien eine positive als auch eine normative Ausgestaltung annehmen kann. Vgl. zu den Methoden der Wirtschaftswissenschaften und den prozeßwissenschaftlichen Entdeckungen Kuhn, Thomas S. (1973).

der Ökonomie, die heute vorwiegend auf in Modellen angewandten Theorien fußt,[14] ist dabei die Bedeutung und Rechtfertigung der zugrundeliegenden Annahmen bzw. Prämissen Gegenstand der Methodologie. Da identische Annahmen bei unterschiedlichen Modellen bzw. Theorien verwandt, unterschiedlich plausibel erscheinen können, muß Methodologie als relatives Konzept verstanden werden. Demnach sollen Theorien nicht absoluten Kriterien genügen,[15] sondern im Sinne einer evolutionären Betrachtungsweise soll Methodologie dazu beitragen, die „bestgeeignete" Theorie zur Lösung von „Problemsituationen" im Popper'schen Sinne aufzufinden.[16] Im folgenden werden deshalb unterschiedliche methodologische Standpunkte[17] dargestellt und erörtert, um daraufhin eine Aussage abzuleiten, in welchem methodologischen Rahmen sich diese Arbeit bewegen soll.

Der A-Priori Standpunkt, der aus dem Kant'schen A-Priorismus entstanden ist, sagt aus, daß Erkenntnisse aus bloßen Vernunftsgründen gelten. Danach sind Hypothesen und Annahmen von vornherein gegeben und selbst einleuchtend. Begründet wird diese Selbstevidenz damit, daß sich Hypothesen aus der individuellen tagtäglichen Beobachtung und Erfahrung ergeben.[18] Man spricht von Introspektion,[19] nach der sich im Gegensatz zu den Naturwissenschaften ein Ökonom wirtschaftliche Entscheidungsprozesse gut vorstellen könne, da er diese tagtäglich ausführt.[20] Somit sind methodologisch gehaltvolle, im Sinne von für eine Theorie- und Modellbildung plausiblen Annahmen und Hypothesen vor allem dadurch zu gewinnen, daß man denjenigen ökonomischen Teilbereich, den man analysieren will, genau betrachtet.[21] Dieses Umgebensein mit „plausiblen" ökonomischen Tatsachen ist insofern von Bedeutung, als daß hierdurch der

---

14) Theorien werden dabei als der Gedankenkern aufgefaßt, der seine für ökonomische Aussagen erforderliche Umsetzung in Modellen findet. So läßt sich beispielsweise die neoklassische Theorie in vielfältigen Modellen wiederfinden, die alle denselben Gedankenkern benutzen, aber für unterschiedliche Fragestellungen und auch mit unterschiedlichen Antworten, je nach Bau des betreffenden Modells, angelegt sind.

15) Im weiteren wird auf die normative Komponente des Methodologiebegriffs abgestellt.

16) Vgl. Blaug, Mark (1980), S. 159-160.

17) Vgl. dazu Hildenbrand, Werner (1994), S. 10-14, Fußnoten 7-9.

18) Vgl. Robbins, Lionel (1935), S. 79, für den als ein Vertreter des A-Priori Standpunkts ökonomische Hypothesen keiner empirischen Überprüfung bedürfen, da sie aufgrund täglicher Erfahrung als offensichtlich erachtet werden müssen.

19) Zur Bedeutung der Introspektion vgl. Malinvaud, Edmond (1991), S. 23-24.

20) Umgekehrt kann sich ein Physiker wohl kaum in die Lage eines Elementarteilchens versetzen.

21) Vgl. ähnlich Keynes, John N. (1891).

Nachteil aufgehoben oder zumindest abgemildert wird, der darin besteht, daß in den Wirtschaftswissenschaften kontrollierte Experimente, wie sie bei den Naturwissenschaften möglich sind, nur eingeschränkt durchführbar sind.[22)]

Die Forderung nach zumindest potentieller Überprüfbarkeit gemachter Hypothesen bleibt aber für seriöse wissenschaftliche Arbeit unumgänglich. Folgt man nämlich ausschließlich dem A-Priori Standpunkt, so bleibt unklar, ob individuelle Erfahrungen, die ein Ökonom erlebt, repräsentativ für die gesamte Ökonomie sein können.[23)] Nach der Auffassung des Positivismus, der aus dem Empirismus Hume'scher, Locke'scher und Mill'scher Prägung entstanden ist, muß deshalb gültige Erkenntnis auf Erfahrung beruhen, die insbesondere auf Beobachtung und Experiment gegründet ist. Hypothesen bedürfen damit der Verifizierung im objektiven Experiment. Nur somit ist ein Wettbewerb zwischen jeweils subjektiven „erfahrenen" Hypothesen, wie es im A-Priori Standpunkt die Folge wäre, vermeidbar. Problematisch bleibt aber, daß eine experimentelle Überprüfung eben nicht immer durchführbar ist.

Diese Kritik greift der Neo-Positivismus des Wiener Kreises mit seinem Popper-Kriterium der potentiellen Falsifizierbarkeit auf.[24)] Danach gilt eine Theorie bzw. die ihr zugrundeliegenden Hypothesen als prinzipiell nicht verifizierbar, sondern nur solange als gültig und sich bewährt habend, wie sie durch ein Experiment, ein Gegenbeispiel oder durch Beobachtung nicht widerlegt werden. Im Zentrum steht hierbei weniger die Unmöglichkeit der Existenz absoluten Wissens,[25)] sondern vielmehr das Postulat der potentiellen Falsifizierbarkeit. Theorien müssen demzufolge stets so gebildet werden, daß sie diesem Kriterium genügen. Tun sie es nicht, so handelt es sich um keine Theorie im Popper'schen Sinne.

---

22) Vgl. Koopmans, Tjalling C. (1957), S. 140.

23) Nach Hutchinson, Terence (1938), S. 137-143 besteht eine Kluft zwischen „inside experience" und „outside behaviour", weswegen Erkenntnis durch Introspektion allein nicht zu gewinnen ist. Diese stellt nämlich nur auf die „inside experience" ab und vernachlässigt, daß wirtschaftliches Handeln nicht allein auf der eigenen Vorstellung über die wirtschaftliche Umwelt beruht, sondern auch auf dem Verhalten der übrigen Wirtschaftssubjekte. Hutchinson zitiert hier treffend Nietzsche: „Jeder ist sich selbst der Fernste".

24) Vgl. hierzu Popper, Karl R. (1966), S. 8 zur Falsifizierung, S. 16 zum Hume'schen Empirismus, Kapitel IV zur Falsifizierbarkeit und insbesondere S. 53: „Eine Theorie ist falsifizierbar, wenn die Klasse ihrer Falsifikationsmöglichkeiten nicht leer ist."

25) Hier kommt wieder das Konzept der methodologischen Relativität zum Tragen, nach der Theorien einer evolutionären Entwicklung unterliegen.

Im Gegensatz zu den bisherigen methodologischen Standpunkten, deren Unterscheidungsmerkmal vor allem auf dem Verifizierungsbedarf gemachter Annahmen beruht, ist beim sogenannten Instrumentalismus eine Hypothese weder als wahr oder falsch bzw. plausibel oder nicht plausibel zu charakterisieren, sondern nach dem Instrumentalismus hängt die Qualität einer Hypothese bzw. der auf ihr aufbauenden Theorie ausschließlich von deren Prognosekraft ab.[26] Hypothesen dienen damit im Sinne eines Instruments oder Werkzeugs vornehmlich Prognosen, wobei sich diese und nicht die gemachten Annahmen einem Plausibilitätstest zu unterwerfen haben. Dieser methodologische Standpunkt stellt also die abgeleiteten Schlußfolgerungen ins Zentrum der Überlegungen und verzichtet gänzlich auf eine Plausibilitätsuntersuchung der gemachten Annahmen. Die Gültigkeit einer Hypothese ergibt sich aus der Gültigkeit der mit ihr gezogenen Schlußfolgerung und nicht umgekehrt, wie das bei den zuvor erörterten Standpunkten der Fall ist.

Die folgende Abbildung 2 faßt die verschiedenen Standpunkte übersichtsartig zusammen.

[26] Entstanden ist der Instrumentalismus aus der Dewey'schen Form des Pragmatismus Perce'scher und James'scher Prägung. Danach ist Erkenntnis ein Werkzeug menschlichen Handelns. Für die Wirtschaftswissenschaften kann Milton Friedman als Hauptvertreter dieser methodologischen Richtung gelten. Vgl. beispielsweise Friedman, Milton (1953), S. 8.

Abbildung 2: Methodologische Standpunkte

Vertreter	Standpunkt	Kennzeichen	Begründung	Entstehung	Bemerkungen
Lionel Robbins (1935)	Self-Evident bzw. A-Priori Standpunkt	Hypothesen sind von vornherein gegeben und selbst einleuchtend.	Hypothesen ergeben sich aus individueller tagtäglicher Erfahrung (≠ Nat. Wiss.), d.h. aus Introspektion.	Kants A-Priorismus; nach dem Erkenntnisse unabhängig von der Erfahrung (aus bloßen Vernunftsgründen) gelten	Wettbewerb und Würdigung unter den zugrundezulegenden Annahmen und Methoden als Kritik Hutchinsons am A-Priorismus
Terence Hutchinson (1938)	Empirismus/ Positivismus	Hypothesen bedürfen der Verifizierung im Experiment.	Nur (äußere) Tatsachen oder Sinneswahrnehmungen werden für wirklich gehalten.	Humes, Lokkes und Mills Empirismus; nach dem gültige Erkenntnis auf Erfahrung, besonders auf Beobachtung und Experiment gegründet ist	Neo-Positivismus des Wiener Kreises mit Popper-Kriterium der potentiellen Falsifizierbarkeit
Milton Friedman (1953)	Instrumentalismus	Hypothesen dienen im Sinne eines Instruments bzw. Werkzeugs ausschließlich der Prognosestellung.	Qualität einer Hypothese hängt ausschließlich von deren Prognosekraft (und nicht Plausibilität) ab.	Deweys Form des Pragmatismus (von Peirce und James); nach dem Erkennen nur ein Werkzeug menschlichen Handelns ist	„Marketing Masterpiece" Friedmans

Quelle: Eigene Darstellung

Die dargestellten Sichtweisen führen insofern in eine Sackgasse, als daß keine den Realitätsbezug wissenschaftstheoretisch angemessen berücksichtigt. Weder das völlige Fehlen noch das strikte Abstellen auf empirische, d.h. realistische bzw. zumindest potentielle Überprüfbarkeit, sind für sich alleine genommen brauchbare methodologische Standpunkte. Deshalb scheint eher ein methodologischer Pluralismus angebracht, der von allen Positionen gewisse Elemente übernimmt.[27] Dabei ist jedoch zu beachten, daß sich diese methodologische Vorgehensweise dann nicht ausschließlich genau derjenigen Elemente bedient, die gerade der Situation der Theorie angebracht erscheinen. Vielmehr sollte der Gebrauch von Annahmen so gering wie möglich gehalten werden. Falls sie sich jedoch nicht vermeiden lassen, so sollten sie explizit als solche herausgestellt und ihre Bedeutung für die gewonnenen Erkenntnisse bzw. Aussagen aufgezeigt werden. Das gilt gerade auch für die oftmals nicht ausdrücklich erwähnten impliziten Annahmen, deren Bedeutung nicht zu unterschätzen ist. Wünschenswert wäre deshalb auch eine Art „komparativer Statik von Prämissen", die aufzeigt, wie sich die Ergebnisse und Aussagen gegebenenfalls ändern, falls der Annahmenkatalog modifiziert wird.

In Verbindung zur Motivation der Arbeit gilt folgendes. Stellt man auf eine funktionale Gliederung der Betriebswirtschaftslehre in die Bereiche Beschaffung, Produktion, Finanzierung und Investition, sowie Absatz und Organisation ab, so ist gerade der Bereich Finanzierung und Investition, wie dargelegt, je nach Sichtweise entweder betriebswirtschaftlich oder volkswirtschaftlich zu erfassen. Anders als beispielsweise die Absatzlehre oder die betriebliche Produktionsgestaltung umfaßt der Bereich des Corporate Finance sowohl die betriebswirtschaftliche als auch die volkswirtschaftliche Sphäre. Deswegen sollen auch die deutschsprachigen Bereiche Finanzierung und Investition zusammen mit dem englischsprachigen Begriff des Corporate Finance belegt werden. Erfordert die Mittelbeschaffung (Finanzierung) die Auseinandersetzung mit den volkswirtschaftlich determinierten Finanzmärkten, so bedingt die sich anschließende Mittelverwendung (Investition) in der Unternehmung eine betriebswirtschaftliche Analyse. Da in dieser Arbeit beide Sphären erfaßt werden sollen und dies eine interdisziplinär geprägte Vorgehensweise erfordert, erscheint der postulierte methodologische Pluralismus insoweit gerechtfertigt, als daß er eine interdisziplinäre Problemanalyse zu fördern gestattet.

---

[27] Vgl. zur Position des methodologischen Pluralismus die in diesem Sinne geschriebenen Werke von Malinvaud, Edmond (1991) und Hildenbrand, Werner (1994).

2. Die Entwicklung zum Stakeholder Ansatz

2.1 Existenzbegründungen für Unternehmungen

Bevor in nachfolgenden Abschnitten ausgehend von der Theorie der Unternehmung über das Harvard Policy Modell zum Stakeholder Ansatz hingeführt wird, soll an dieser Stelle der Frage nachgegangen werden, warum die Erscheinungsform der Unternehmung auf Märkten zu beobachten ist. Ohne eine schlüssige Antwort auf diese Frage erscheint die weitere Vorgehensweise der Arbeit, die ja die Existenz von Unternehmungen als gegeben ansieht, nur schwerlich zu rechtfertigen zu sein.

Faßt man Unternehmungen lediglich als Produktionsstätten auf, deren Wirtschaften allein auf die Bedürfnisbefriedigung der Nachfrage gerichtet ist, so ist in der Tat die Existenz von Unternehmungen – abgesehen von ökonomisch-theoretisch geleiteten Fragestellungen zur Determiniertheit allgemeiner Gleichgewichtsmodelle[28)] – kaum zu halten. Danach haben Unternehmungen eine Art Mittlungsfunktion, indem sie, den Präferenzen der Haushalte entsprechend, diese mit Konsumgütern versorgen.

Berücksichtigt man aber, daß durch Wirtschaften „Reibungsverluste" in Form des Koordinierungsbedarfs für Transaktionen entstehen, so kann hier ein Grund für die Existenzberechtigung von Unternehmen abgeleitet werden. Diese „Reibungsverluste" entstehen durch die Nutzung des Preismechanismus und werden Transaktionskosten genannt.[29)] Nach Coase[30)] ist die Existenz von Unternehmungen insofern sinnvoll, als daß Transaktionen – d.h. der Austausch von Gütern und Dienstleistungen unter den Wirtschaftssubjekten – dann von der Sphäre des Marktes in die der Unternehmung verlagert werden sollten, falls hierdurch Kosten der Inanspruchnahme des Preissystems als dezentraler, nicht-kooperativer

---

28) Unbefriedigende Antworten auf diese Fragestellung in Form der sogenannten Struktursätze, nach denen die Überschußnachfrage eines allgemeinen Gleichgewichtssystems keine für die Eindeutigkeit oder Stabilität hinreichende Eigenschaften besitzt, ergeben sich aber bereits im kleineren Rahmen bei den vom Produktionssektor abstrahierenden Tauschökonomien. Vgl. Hildenbrand, Werner und Kirman, Alan P. (1988) sowie Sonnenschein, Hugo (1973) und Debreu, Gerard (1974).

29) Für eine ausführliche Darstellung des Transaktionskostensansatzes sei auf dessen Hauptvertreter Williamson, Oliver E. (1985) hingewiesen. Für die vermeintliche Irrelevanz der Transaktionskostentheorie vgl. das Beispiel in Wagner, Ralph (1994), S. 16-19.

30) Vgl. Coase, Ronald H. (1937), S. 90.

Koordinationsmechanismus eingespart werden können.[31)] Die Koordination des Beziehungsgeflechts von Ressourcen ist innerbetrieblich – d.h. in der Unternehmung durch den Unternehmer – günstiger als außerbetrieblich – d.h. am Markt durch das Preissystem.

Allgemein läßt sich damit die Existenz von Unternehmungen dadurch begründen, daß bestimmten Funktionsmängeln des Marktes durch die Verlagerung in Unternehmungen ausgewichen werden soll. Ähnlich wird auch bei der Rechtfertigung von Staatsaufgaben argumentiert, wenn diese zur Vermeidung oder zumindest Korrektur von Marktversagensgründen herangezogen werden.[32)] Die Funktionsmängel des Marktes sind aber nicht die klassischen Marktversagensgründe, sondern bestehende nicht-marktfähige Kooperationswünsche der beteiligten Wirtschaftssubjekte sind als solche aufzuführen.

Die Unternehmung, die nun als Organisation nicht-marktfähige Kooperationswünsche zu koordinieren hat, tritt immer dann in Erscheinung, wenn die Kooperationswünsche auf individueller Tauschebene des Marktes zu komplex sind, aber auf der anderen Seite noch nicht so kompliziert sind, daß sie einer staatlichen Organisation bedürften. Insofern stellt die Unternehmung als Kooperationsform bzw. als Organisation, in der Arbeitsteilung stattfindet, eine Mittelstellung zwischen Markt und Staat dar.[33)] Übertragen auf die Transaktionskostenargumentation heißt das, daß Unternehmungen eine Kompromißlösung zwischen individuellen Kooperationswünschen und staatlichen Aktivitäten zur Transaktionskostenminimierung darstellen.

In technischer Hinsicht wird die Unternehmensexistenz durch technologische Synergieeffekte in Form von „Economies of Scale" oder „Economies of Scope", d.h. Skalen- oder Verbundvorteilen, erklärt.[34)] Letztlich stellt dieser Erklärungsansatz damit aber auch auf ein Kosteneinsparungsargument ab, das allerdings im

---

31) Die postulierte Pareto Effizienz des 1. Hauptsatzes geht von verschwindenden Transaktionskosten aus, wobei aber nach de Alessi bei Vorliegen positiver Transaktionskosten eine Allokation unterhalb der Produktionsmöglichkeitenkurve durchaus Pareto-effizient sein kann, da einige Ressourcen transaktionskostenbedingt nicht produktiv eingesetzt werden können. Vgl. de Alessi, Louis (1983), S. 68 f.

32) Dabei wird der öffentliche Sektor, d.h. der Staat und die Aufgaben, die er erfüllt, funktional begründet. Interessant an dieser Sichtweise ist die Nähe bzw. teilweise Überlappung von geistesgeschichtlichen Positionen auf der einen Seite und ökonomischen Positionen auf der anderen Seite. Vgl. hierzu eingehend Nowotny, Ewald (1987), Kapitel 2 und 3 sowie die dort aufgeführte Literatur. Für eine kritische Auseinandersetzung mit der Legitimation von Staatsaufgaben sei auf Hesse, Günter (1979), Kapitel III verwiesen.

33) Vgl. Spremann, Klaus (1991), S. 588 und 591.

34) Vgl. dazu den grundlegenden Aufsatz von Viner, Jacob (1932), S. 23-46.

Gegensatz zur Transaktionskostentheorie nicht preisabhängig, sondern technologieabhängig ist.

Auf unterschiedliche Risikobereitschaften stellt eine andere Erklärung ab.[35] Danach ist die Unternehmung ein Ort, an dem eine Risikoaufteilung zwischen den als risikoavers angenommenen Arbeitnehmern mit erfolgsunabhängiger Entlohnung und den als risikoneutral oder risikofreudig angenommenen Kapitalgebern vorgenommen wird. Diese institutionelle Charakterisierung von Unternehmen, die in unterschiedlichen Merkmalen der Wirtschaftssubjekte ihre Begründung findet, gilt auch für den unterschiedlichen Mobilitätsgrad der im Unternehmen eingesetzten Faktoren. Danach ergibt sich die Existenz von Unternehmen durch die Zusammenführung und den Ausgleich von mobilen Kapitalressourcen und immobilen Arbeitsressourcen.

Aus Sichtweise der Finanzierungslehre ist schließlich ein weiterer Existenzgrund für Unternehmungen anzuführen. Ausgehend von den oben dargestellten transaktionskostensenkenden Koordinationen in der und durch die Unternehmung entsteht ein synergetischer Teameffekt derart, daß zwar die Leistungen der einzelnen Mitglieder einer Unternehmung nicht separierbar und damit diesen nicht einzeln zurechenbar sind,[36] dafür aber die Gesamtleistung der Unternehmung diejenige der einzelnen aufsummierten Leistungen übertrifft. Insofern ist auf der personellen Ebene die Werteadditivitätseigenschaft nicht erfüllt,[37] als daß durch die innerbetriebliche Koordination Unternehmensgewinne entstehen, die der Zielsetzung unternehmerischen Handelns entsprechen und von internen wie von externen Faktoren beeinflußt werden, wie im folgenden Abschnitt näher ausgeführt wird.

2.2 Der Rahmen der Theorie der Unternehmung

2.2.1 Grundlagen

Folgt man der traditionellen mikroökonomischen Trennung in Angebots- und Nachfragesektoren, so stellt die Theorie der Unternehmung den Versuch dar, das

---

35) Vgl. dazu die historische Arbeit von Knight, Frank H. (1921) sowie Abschnitt 2.3.1.

36) Vgl. Alchian, Armen A. und Woodward, Susan (1987), S. 111 und (1988), S. 70.

37) Werteadditivität bedeutet, daß der Gesamtwert einer Vermögensposition unabhängig von ihrer Aufteilung und konstant ist. Die Eigenschaft der Werteadditivität als bedeutendes theoretisches Merkmal für die Analyse von Finanzmärkten wird mit ihren Implikationen ausführlich in Abschnitt 4.4 erläutert.

Entstehen und die Veränderungen des Angebots durch den Produktionssektor einer Ökonomie zu erklären.[38)]

Übertragen auf die Betriebswirtschaftslehre ist die Theorie der Unternehmung einerseits als Methode zu verstehen, betriebswirtschaftliche Erklärungsansätze mikroökonomisch zu fundieren und stellt andererseits denjenigen Zeitabschnitt Mitte dieses Jahrhunderts dar, in dem sich vor allem in den USA unter dem Begriff „Theory of the Firm" eine reichhaltige Literatur entwickelt hat.[39)] Hervorgegangen ist die Theorie der Unternehmung jedoch aus nationalökonomischen Studien,[40)] die in erster Linie zur Erklärung makroökonomischer Einkommensentstehung und -verwendung beigetragen haben.[41)]

Gemeinsam ist allen Entwicklungssträngen, daß die Unternehmung als Wirtschaftssubjekt des Produktionssektors in einer bestimmten Umwelt – der Ökonomie – unter bestimmten Verhaltensmustern agiert. Demzufolge lassen sich modelltheoretisch Ziel- und Umweltannahmen unterschieden.

2.2.2 Ziel- und Umweltprämissen

Versteht man unter Unternehmung den Produktionsbetrieb der marktwirtschaftlichen Wirtschaftsordnung, so stellt die Unternehmung eine spezielle Ausprägung und historische Erscheinungsform des Betriebes dar,[42)] dem das erwerbswirtschaftliche Prinzip als systembezogener Tatbestand innewohnt.[43)] Dieses Prinzip ist in der Theorie der Unternehmung konkretisiert, indem die Unternehmung als Ziel die Maximierung einer geeignet definierten Gewinngröße anstrebt.[44)] Das Gewinnmaximierungsverhalten resultiert aus dem Postulat eines rational entscheidenden und sich nach diesen Entscheidungen auch entsprechend verhaltenden Homo oeconomicus.

---

38) Vgl. zur Sektorenzweiteilung beispielsweise die Lehrbücher von Varian, Hal (1994), Kapitel 1-6 und Kreps, David M. (1990), Kapitel 7-8.

39) Vgl. Cyert, Richard M. und Hedrick, Charles L. (1972), S. 409 ff.

40) Hier sind vor allem in chronologischer Reihenfolge Thünen, Johann Heinrich von (1826), Cournot, Augustin (1838) und Marshall, Alfred (1890) von dogmengeschichtlicher Bedeutung.

41) Vgl. Busse von Colbe, Walther (1964), S. 615-616.

42) Vgl. als Gegenauffassung, die Betriebe als Ausprägung des Oberbegriffs Unternehmung ansieht, Lohmann, Martin (1964), S. 12 ff. oder Walther, A. (1959), S. 13.

43) Vgl. Gutenberg, Erich (1979), S. 464 ff.

44) Vgl. Chamberlain, Neil W. (1962), S. 51.

Mag die Rationalität auch kein adäquates Erklärungsmuster für wirtschaftliches Verhalten sein, wie Marktbeobachtungen und experimentelle Studien zeigen,[45] so lassen sich dennoch gute Gründe dafür finden, daß eine Unternehmung ihre Gewinne zu optimieren versucht. Insbesondere läßt sich argumentieren, daß ohne ein Streben nach Gewinn der Wettbewerb in einem Prozeß der Selbstauslese diese Unternehmen vom Markt verschwinden läßt, so daß es gleichsam eine Überlebensstrategie von Unternehmen sein muß, sich gewinnmaximierend zu verhalten.[46] Weiterhin wird die Auffassung vertreten, daß durch eine konsequente Verfolgung des Gewinnziels nicht nur der Interessenlage derjenigen genüge getan wird, denen der Gewinn zufließt, sondern auch für die Gesellschaft als ganze dienlich ist.[47] Daneben wird Gewinn als Argument der Zielfunktion der Unternehmung nicht nur als ökonomisch plausibel, sondern gleichzeitig auch als für modellhafte Weiterentwicklungen operational angesehen.[48] Schließlich lassen sich zumindest theoretisch und – wenn man die Rechnungslegung beim Jahresabschluß berücksichtigt – auch praktisch Ersatz- wie auch Mehrfachzielsetzungen auf eine einzige Gewinngröße reduzieren.

Läßt sich Gewinnmaximierung als Intra-Komponente der Theorie der Unternehmung auffassen, so stellt die Modellierung der Umwelt ihre Extra-Komponente dar. Die Umwelt beschränkt nämlich die Unternehmung in ihren Gewinnmaximierungsaktionen in mehrfacher Hinsicht:

Mengenmäßig ist das Produktionsergebnis durch die herrschende Technologie, d.h. das bekannte und nutzbare technische Wissen,[49] beschränkt, wobei sich unter der Rationalitätsannahme diese Technologie sich durch ihren Rand, das ist die Produktionsfunktion, beschreiben läßt.

Wertemäßig ergibt sich der Gewinn der Unternehmung durch das herrschende Preissystem, das je nach Marktform als gegeben (vollkommener Wettbewerb), partiell beeinflußbar (oligopolistischer Wettbewerb) oder vollständig setzbar (monopolistischer Wettbewerb und vollkommene Preisdiskriminierung) angesehen wird. Das Preissystem wirkt dabei sowohl auf die Erlösseite, indem es den

---

45) Vgl. Selten, Reinhard (1983), S. 409-410 sowie die zahlreichen von der Wirtschaftstheoretischen Abteilung I der Universität Bonn durchgeführten Laborexperimente.

46) Vgl. Alchian, Armen A. (1950), S. 220 und Abschnitt 2.3.3.

47) Vgl. Rühli, Edwin (1994), S. 14.

48) Vgl. Machlup, Fritz (1967), S. 11-13.

49) Vgl. Hildenbrand, Kurt und Hildenbrand, Werner (1974), die den Produktionssektor alternativ durch die maßgeblich von Koopmans, Tjalling C. (1951) geprägte Aktivitätsanalyse darstellen.

Wert abgesetzter Produkte bestimmt, als auch auf die Kostenseite, indem es den durch die Technologie determinierten Faktorverbrauch bewertet.

Zeitmäßig lassen sich statische oder dynamische Betrachtungsweisen unterscheiden, wobei letztere sich erst durch die Fortentwicklung des mathematischen Instrumentariums allmählich entwickelt haben und erstere vom eigentlichen Prozeß der Leistungserstellung, d.h. dem Einsatz der Faktoren, deren Kombination und Verarbeitung, völlig abstrahieren.

Informationsmäßig läßt sich die Entwicklung in der Theorie der Unternehmung dadurch beschreiben, daß mit Aufkommen der Informationsökonomik zunehmend Situationen der Unsicherheit und unvollkommene Informationsstrukturen erfaßt werden. Ausgangspunkt des Grundmodells einer Theorie der Unternehmung ist jedoch eine eindeutige Erwartungsbildung über die Umweltdaten und die Folgen unternehmerischer Entscheidungen,[50] d.h. im modelltheoretischen Idealfall wird vollkommene Sicherheit unterstellt.[51]

Für den Finanzierungsbereich der Unternehmung bedeuten die aufgeführten Annahmen, daß alle Finanzierungsmaßnahmen in der bezeichneten Umwelt so auszurichten sind, daß der Wert des Eigenkapitals der Unternehmung maximal wird. Dabei wird die Gewinngröße eng an die buchhalterische Erfolgsgröße „Jahresüberschuß" geknüpft, die im Jahresabschluß über den Gewinn in das Eigenkapital eingestellt wird.[52] Ausgehend von der Überlegung, daß Gewinn für die Eigenkapitalgeber erst dann entsteht, wenn die Eigenkapitalrendite die Eigenkapitalkosten übersteigt, hat sich das sogenannte Shareholder Value Konzept entwickelt.[53] Hierbei handelt es sich im Prinzip um ein betriebswirtschaftliches Implementierungsverfahren zur praktischen Umsetzung der Theorie der Unternehmung. Mit Hilfe betrieblicher Entscheidungen über wertbestimmende Faktoren – sogenannten Value Driver wie Umsatzwachstum, Sachanlageinvestitionen oder Kapitalkosten – soll der Gewinn in Form des Gegenwartswerts des Cash

---

50) Vgl. Busse von Colbe, Walther (1964), S. 616.

51) Cyert, Richard M. und Hedrick, Charles L. (1972), S. 399 sehen deshalb auch die Gewinnmaximierungsannahme als a-priori durch die Umwelt determiniert.

52) Vgl. die Bestimmungen des Handelsgesetzbuches, insbesondere §§ 266, 272.

53) Aus der reichhaltigen Literatur zum Shareholder Value Ansatz sind insbesondere zu nennen Rappaport, Alfred (1986), Rappaport, Alfred (1981) sowie in der deutschen Literatur Bühner, Rolf (1990) und Bühner, Rolf (1993). Vgl. ausführlich die Ausführungen des Abschnitts 4.7.2.

Flows als dessen Repräsentant maximal gestaltet werden.[54] Hierdurch wird langfristig eine Steigerung des um die Fremdkapitalkosten bereinigten Unternehmenswertes und damit des den Unternehmenseignern zufließenden Residualeinkommens erreicht. Hervorzuheben ist dabei, daß dieser Ansatz zwar weiterhin auf eine eindimensionale Zielgröße abstellt; er aber die bisher bestehende Lücke zwischen strategischer Unternehmensführung und gleichzeitiger Unternehmensbewertung im Lichte der finanziellen Ziele der Eigenkapitalgeber zu schließen vermag.[55]

2.2.3 Aussagen und Resultate

Der aus der Theorie der Unternehmung resultierende betriebswirtschaftliche Shareholder Value Ansatz zeigt Mittel auf, wie das Unternehmensziel optimal erreicht werden kann. Welche Bedingungen in diesem Optimum auf theoretischer Ebene zu gelten haben, zeigen letztlich die folgenden aus dem Marginalismus[56] hervorgegangenen Optimalitätslösungen:[57]

Die Grenzrate der technischen Subsitution für je zwei Faktoren entspricht ihrem Preisverhältnis bzw. dem inversen Verhältnis ihrer Grenzproduktivitäten.

Das Wertgrenzprodukt eines jeden Faktors entspricht seinem Preis.

Bei steigendem Preis nimmt ceteribus paribus das Produktionsangebot zu bzw. nimmt ceteribus paribus die Faktornachfrage ab.

Die Grenzkosten sind gleich dem Grenzerlös, wobei letzterer im vollkommenen Wettbewerb dem Marktpreis entspricht.

Aufgrund der Dualität ist Kostenminimierung eine Folge der Gewinnmaximierung, da die Kostenfunktion alle ökonomisch relevanten Aspekte der Technologie beinhaltet.[58]

---

[54] Vgl. das von Rappaport, Alfred (1986), S. 76 entwickelte Shareholder Value Network, in dem die betrieblichen Funktionalentscheidungen über die oben angeführten wertbestimmenden Faktoren zusammen mit den Bewertungskomponenten das Unternehmensziel determinieren, sowie Börsig, Clemens (1993), S. 90.

[55] Vgl. Gomez, Peter (1990), S. 559.

[56] Die mikroökonomische Vorgehensweise des Marginalismus, d.h. der „logische Prozeß zur Auffindung eines Maximums“, stellt nach Machlup, Fritz (1946), S. 519 das methodische Hauptmerkmal der Theorie der Unternehmung dar.

[57] Für eine formale Herleitung vgl. beispielsweise Malinvaud, Edmond C. (1972), S. 55-59 oder den Anhang zu diesem Abschnitt.

[58] Vgl. zum letzten Punkt Varian, Hal R. (1994), S. 85.

Diese Optimalitätsbedingungen stellen den absichtlich eng gefaßten Grundkonsensus der Theorie der Unternehmung dar,[59] da die obigen Aussagen Bestandteil einer jeden Ausprägung und Anwendung der Theorie der Unternehmung sind. Auf den Finanzierungsbereich der Unternehmung bezogen heißt dies, daß die obigen Aussagen sowohl für den Faktor Kapital als Aggregat wie auch disaggregiert für die einzelnen in der Realität unterschiedlich anzutreffenden Kapitalformen zu gelten haben. Über das Zustandekommen des Optimalitätszustandes wird dagegen keine Aussage getroffen, sondern bleibt betriebswirtschaftlichen, auf dem Shareholder Value Gedanken beruhenden Ansätzen vorbehalten.

---

[59] Vgl. Cyert, Richard M. und March, James G. (1963), S. 8-9.

Anhang: Formale Aussagen der neoklassischen Theorie der Unternehmung[60)]

Die Unternehmung stellt unter den in Abschnitt 2.2.3 erläuterten Ziel- und Umweltprämissen mit n-p Faktoren (negatives Vorzeichen) p Produkte (positives Vorzeichen) mittels der folgenden impliziten Produktionsfunktion her.

(1) $f(x_1,...,x_r,x_s,...x_n) = 0,$

wobei x_r, r=1,...,n, den Output des r-ten Gutes (Produkt oder Faktor je nach Vorzeichen) bezeichnet.

Bei gegebenen Preisen p_r, r=1,...,n, im vollkommenen Wettbewerbsmarkt lautet unter Berücksichtigung der Fixkosten A das Gewinnmaximierungsproblem

(2) $R = \sum_r p_r x_r - A$

für die n Variablen x_r, r=1,...,n.

Die notwendigen Bedingungen der mit Hilfe der Lagrangemethode aufzustellenden Zielfunktion

(3) $Z = R - \lambda f$ lauten

(4) $\frac{\partial Z}{\partial x_r} = p_r - \lambda f_r \stackrel{!}{=} 0$

mit $f_r = \frac{\partial f}{\partial x_r}$

Hieraus ergeben sich für r=1,...,n

(5a) $p_r = \lambda f_r$ und

(5b) $f(x_1,...,x_n) = 0,$

---

60) Vgl. Cyert, Richard M. und March, James G. (1963), S. 22-25 und die bei ihnen in Fußnote 39 aufgeführte Referenz Dempter, M.A.H.

d.h. **n+1 Gleichungen, die die n Güter und den Lagrangeparameter λ bestimmen.**

Aus (5a) ergibt sich die technische Grenzrate der Substitution zwischen dem r-ten und s-ten Produkt bzw. Faktor zu

(6) $\frac{f_r}{f_s} = \frac{p_r}{p_s}$ mit r,s=1,...,p bzw. r,s=p+1,...,n

Das physische Grenzprodukt $M_{r,s}$ des s-ten Faktors in Bezug auf das r-te Produkt lautet

(7) $M_{r',s} = \frac{\partial(-x_s)}{\partial x_r} = \frac{f_r}{f_s} = \frac{p_r}{p_s}$ mit r=1,...,p und s=p+1,...,n

$\frac{\partial(-x_s)}{\partial x_r}$ stellt hierbei die Änderungsrate des eingesetzten Faktors (x_s<0 aus Vorzeichenkonvention) bezüglich des Produkts r dar.

Die Gesamtkosten C

(8) $C = \sum_s p_s(-x_s)+A$ mit $s = p+1,...,n$

nach dem r-ten Produkt differenziert ergibt

(9) $\frac{\partial \mathbf{C}}{\partial \mathbf{x}_r} = \sum_s p_s \frac{\partial(-x_s)}{\partial x_r}$

$= \sum_s p_s M_{r',s}$ aus (7)

$= \sum_s p_s \frac{p_r}{p_s}$

$= \mathbf{p_r}$

als Grenzkosten, die dem gegebenen Preis des entsprechenden Produkts entsprechen.

Die hinreichende Bedingung für ein Gewinnmaximum lautet

(10a) $\frac{\partial^2 Z}{\partial x_r^2} = -\lambda \frac{\partial^2 f}{\partial x_r \partial x_s} < 0$, da $\partial^2 f$ positiv definit ist.

Mit $f_r = \frac{\partial f}{\partial x_r}$ und $f_{rs} = \frac{\partial^2 f}{\partial x_r \partial x_s}$ läßt sich (10a) in Matrixform schreiben als

$$(10b) \qquad \det F = \begin{vmatrix} 0 & f_1 & f_2 & \bullet & \bullet & \bullet & f_n \\ f_1 & f_{11} & f_{12} & \bullet & \bullet & \bullet & f_{1n} \\ f_2 & f_{12} & f_{22} & \bullet & \bullet & \bullet & f_{2n} \\ \bullet & \bullet & \bullet & f_{rs} & \bullet & \bullet & \bullet \\ f_n & f_{1n} & f_{2n} & \bullet & \bullet & \bullet & f_{nn} \end{vmatrix}$$

Diese Matrix kann bei infinitesimalen Änderungen i.H.v. y als Stabilitätsbedingung bezüglich endlicher Variationen x_r und x_s interpretiert werden.

Die Matrix F und ihre Hauptuntermatrizen sind symmetrisch, d.h.

(11) $\sum_r \sum_s \frac{F_{rs}}{F} y_r y_s > 0$, wobei F_{rs} den Kofaktor von f_{rs} in F bezeichnet.

Differenzieren von (5a) und (5b) ergibt n+1 Gleichungen mit n+1 Variablen, die die Eigenpreiseffekte zu analysieren gestatten. Man erhält

(12a) $\frac{1}{\lambda}\frac{\partial \lambda}{\partial p_r}$ und (12b) $\frac{\partial x_s}{\partial p_r}$ mit s=1,...,n

Damit ergibt sich folgendes lineares Gleichungssystem:

(13a) $\sum_s f_s \frac{\partial x_s}{\partial p_r} = 0$

(13b) $f_i \left(\frac{1}{\lambda}\frac{\partial \lambda}{\partial p_r}\right) + \sum_s f_{is} \frac{\partial x_s}{\partial p_r} = 0$ mit i=1,...,r-1,r+1,...,n

(13c) $f_r \left(\frac{1}{\lambda}\frac{\partial \lambda}{\partial p_r}\right) + \sum_s f_{rs} \frac{\partial x_s}{\partial p_r} = \frac{1}{\lambda}$

Die Anwendung der Cramer'schen Regel führt zu

(14) $\frac{\partial x_s}{\partial p_r} = \frac{F_{rs}}{\lambda F}$ mit r,s=1,...,n, was bei Einsetzen in (11) wegen $\lambda > 0$

(15) $\sum_r \sum_s \lambda \frac{\partial x_s}{\partial p_r} y_r y_s > 0$ ergibt.

Damit gilt für alle y=0 außer dem r-ten y:

$$(16)\quad \frac{\partial x_r}{\partial p_r} > 0 \text{ mit } r = 1,\dots,n$$

Für Produkte (x_r>0) gilt $\frac{\partial x_r}{\partial p_r} > 0$, und für Faktoren ($x_s$<0) gilt $\frac{\partial(-x_s)}{\partial p_r} < 0$.

Aufgrund der Symmetrie von F, d.h. $F_{rs} = F_{sr}$, ergibt sich zusammen mit (14) die Symmetrie der Kreuzpreiseffekte als

$$(17)\quad \frac{\partial x_s}{\partial p_r} = \frac{\partial x_r}{\partial p_s}$$

Die Preiswirkungen des r-ten Gutes auf die übrigen Güter ergibt sich aus (5a) und (5b) unter Zuhilfenahme der Erweiterungsregel für Determinanten, angewandt auf F.

$$\begin{aligned}(18a)\quad 0 &= \sum_s f_s F_{rs} \\ &= F \sum_s p_s \left(\frac{F_{rs}}{\lambda F}\right) \\ &= F \sum_s p_s \frac{\partial x_s}{\partial p_r} \text{ wegen (14).}\end{aligned}$$

Wegen F<0 gilt dann

$$(18b)\quad \boldsymbol{\sum_s p_s \frac{\partial x_s}{\partial p_r} = 0} \text{ mit r,s=1,\dots,n}$$

$$\text{und } \boldsymbol{\sum_{s \neq r} p_s \frac{\partial x_s}{\partial p_r} = p_r \left(-\frac{\partial x_r}{\partial p_r}\right) < 0}$$

Die negativen Werte der $\frac{\partial x_s}{\partial p_r}$ auf der linken Seite überwiegen dabei die rechten positiven Werte.

Die Hauptaussagen sind im Anhang jeweils fettgedruckt. Zusätzlich zu den in Abschnitt 2.2.3 als Grundkonsensus bezeichneten Aussagen, die hier den Gleichungen (6), (7), (16) und (9) entsprechen, kommen hier weitere Aussagen in Form der Gleichungen (5a) und (5b), (17) und (18b) hinzu, die sich auf die Modellstruktur und auf Kreuzpreiseffekte sowie den Substitutionscharakter der

Güter beziehen. Angemerkt sei, daß die Symmetrie- und Definiteigenschaften der Matrix F denen der Slutzky Matrix in der Theorie des Haushalts entsprechen, da beide Theorien aus einem Optimierungskalkül unter Nebenbedingungen hervorgehen und die Gewinngröße der Angebotstheorie der Nutzengröße in der Nachfragetheorie entspricht. Jedoch sind Unterschiede bei den erlaubten mathematischen Transformationen der Zielfunktion und der Nebenbedingungen zu beachten, da Nutzenwerte keine Geldgrößen darstellen und die Technologie im Gegensatz zum Nutzenmöglichkeitenraum nicht veränderbar ist.

2.2.4 Die Kontroverse um die Theorie der Unternehmung[61)]

Wenngleich die aus der oben skizzierten Theorie der Unternehmung abgeleiteten Aussagen im formal-logischen Sinne wahr sind, so wird doch ihre normative Kraft in Gestalt ihres Informationsgehaltes über die Wirklichkeit als gering eingestuft.[62)] Zum einen werden, wie gezeigt, keine Aussagen über die Art und Weise des Erreichens des Optimums getroffen, und zum anderen wird aufgrund der als restriktiv und wirklichkeitsfremd erachteten Prämissen eine geforderte Strukturgleichheit bezüglich gedanklicher und realer Sphären nicht erreicht.[63)] Dabei ist jedoch zu bedenken, daß die Unternehmung der Theorie nicht gleichzusetzen ist mit der Unternehmung der Realität, sondern vielmehr ein gedankliches Konstrukt darstellt, das für theoretisch abgeleitete Aussagen von vielen Bezügen zur ökonomischen Wirklichkeit abstrahieren muß und deshalb auf einengende Bedingungen angewiesen ist.[64)] Von daher ist jede annahmenspezifische Kritik danach zu überprüfen, welchen Rahmen die betroffenen Annahmen über ableitbare Aussagen überhaupt noch zulassen und ob Modifikationen der Annahmen zu gehaltvolleren Aussagen führen. So erfordert eine Ablehnung der

---

61) Unter dem Stichwort „Marginalismuskontroverse" fand in den vierziger und fünfziger Jahren eine Debatte um die methodische und empirische Relevanz insbesondere der Annahmen aber auch des Aussagegehaltes der Theorie der Unternehmung statt. Vgl. zu den gegensätzlichen Standpunkten die Kontroverse zwischen Lester, Richard (1946), S. 63 ff. und Machlup, Fritz (1947), S. 148 sowie Machlup, Fritz (1952), S. 51 ff. Für eine beispielhafte Aufzählung der Kritik an der Theorie der Unternehmung sei auf Machlup, Fritz (1967), S. 1, der zugleich die Theorie vehement verteidigt, verwiesen.

62) Vgl. Busse von Colbe, Walther (1964), S. 617.

63) Vgl. zum letzten Punkt Kosiol, Erich (1961), S. 321.

64) Vgl. ähnlich Shubik, Martin (1970), S. 412.

Gewinngröße als zu optimierende Variable gleichzeitig das Festlegen eines[65] oder mehrerer[66] Optimierungsvariablen, für die im Regelfall aber die gleichen Probleme hinsichtlich Meßbarkeit, Quantifizierbarkeit und Bewertbarkeit bestehen wie das bei der Gewinngröße der Fall ist. Deshalb und wegen der in Abschnitt 2.2.2 aufgeführten Gründe lassen doch auf der Theorie der Unternehmung aufbauende und zielfunktionsmodifizierte Modelle den Gewinn als Zielgröße weiterhin erkennen.

Hinsichtlich der Umweltprämissen hat die Theorie der Unternehmung wohl die deutlichsten Entwicklungsschritte zu verzeichnen. Parallel zu der Fortentwicklung des mathematischen Instrumentariums[67] haben sich modifizierte Theorien gebildet, die sowohl die Unsicherheit in Form des Marktrisikos, den Zeitbezug gerade bei Modellen zur Innovations- und Wachstumstheorie[68] als auch unvollkommene Marktstrukturen[69] zu erfassen in der Lage sind. Greift man den Gedanken der Umwelt als Extra-Komponente wieder auf, so ist ungeachtet obiger Entwicklungstendenzen eine konkrete Modellierung der Umwelt in Bezug auf Personen nicht abzusehen. Vielmehr wird die Unternehmung weiterhin als repräsentatives Wirtschaftssubjekt des Angebotssektors gesehen, das als monolithische Entscheidungseinheit von jeglichen innerbetrieblichen Entscheidungsprozessen und Organisationsproblemen – die hier als Innenumwelt aufgefaßt werden sollen – abstrahiert.[70] Ebenso wird von den Bezügen und Wechselwirkungen zur Außenumwelt abgesehen. Dieses Anliegen verfolgt das Harvard Policy Modell und in noch weit stärkerem Maße der Stakeholder Ansatz. Zuvor soll jedoch der Vollständigkeit halber und aufgrund seiner gedanklichen Nähe zu den folgenden Modellen exkursartig ein weiterer Nachfolger der Theorie der Unternehmung skizziert werden.

---

65) Als Beispiel sei Baumol, William J. (1967), S. 46 ff. genannt, der insbesondere für große Unternehmen eine Verhaltensweise der Umsatzmaximierung bei vorgegebener Mindestkapitalrentabilität unterstellt.

66) Beispielsweise zieht Williamson, Oliver E. (1970), S. 54 ff. in seine Untersuchung neben dem Gewinn auch Größen wie Personal, Umweltbedingungen und Steuern mit ein.

67) Hier seien insbesondere die Methoden der linearen Programmierung, die Netzplantechnik aber auch die Fortentwicklung der Spieltheorie erwähnt. Ebenso ist mit der rapiden Fortentwicklung der elektronischen Datenverarbeitung eine stärkere Anlehnung an quantitative Arbeiten, insbesondere auch im Finanzierungsbereich, verbunden.

68) Vgl. Penrose, Edith Tilton (1980), insbesondere Kapitel VI sowie die für die deutsche Betriebswirtschaftslehre maßgebliche Arbeit von Albach, Horst (1965).

69) Gerade auf diesem Gebiet hat die Spieltheorie fruchtbare Anwendung gefunden. Zu erwähnen ist aber auch die grundlegende Arbeit von Robinson, Joan (1969).

70) Vgl. Cyert, Richard M. und Hedrick, Charles L. (1972), S. 398.

2.2.5 Der verhaltensorientierte Ansatz der Betriebswirtschaftslehre[71)]

Ausgangspunkt dieses Ansatzes ist zum einen die Beobachtung, daß vollständige Rationalität des Unternehmers in der Realität nicht anzutreffen ist und daß zum anderen, wie oben als Kritikpunkt dargestellt, die Unternehmung sowohl zu ihrer Innenumwelt, insbesondere in Form der betrieblichen Organisation, als auch zu ihrer Außenumwelt in Beziehung steht. Anders als das im Fortgang der Arbeit darzustellende Harvard Policy Modell und das danach im Mittelpunkt stehende Stakeholder Modell, die in erster Linie den Schwerpunkt ihrer Betrachtung auf die Außenumwelt legen, versucht der verhaltensorientierte Ansatz die innerhalb der Unternehmung bestehenden Interaktionen zu erfassen, d.h. die Unternehmung stellt nicht länger eine monolithische Entscheidungseinheit dar. Vielmehr stehen individuelle Zielkonflikte und ihre Lösung durch Koalitionsbildung, Entscheidungsprozesse bei einer begrenzten Anzahl von Alternativen, die Motivation von Organisationsmitgliedern in Anreiz-Beitragssystemen[72)] sowie der Zielerreichungsgrad des Unternehmungsziels[73)] im Mittelpunkt der Untersuchung. Methodisch wird dabei auf Konzepte der Psychologie, der Soziologie sowie bei der Modellierung von Entscheidungsprozessen[74)] auf informationsverarbeitende und entscheidungslogische Ansätze zurückgegriffen.[75)] Die folgenden Abbildungen 3 und 4 vermitteln einen Überblick über das daraus resultierende Entscheidungsverhalten.

---

71) Dieser Abschnitt basiert zum großen Teil auf dem grundlegenden Werk von Cyert, Richard M. und March, James G. (1963).

72) Vgl. die Arbeiten von Barnard, Chester (1938) sowie von March, James G. und Simon, Herbert A. (1958), insbesondere Kapitel 4.

73) Die Konzepte der beschränkten Rationalität und des Satisficing bzw. der Anspruchsanpassung lassen sich hier aufführen.

74) Hier sei die Teamtheorie von Marschak, Jacob und Radner, Roy (1972) erwähnt.

75) Siehe hierzu auch die Schaubilder über die Einflußfaktoren und den Ablauf betrieblicher Entscheidungsprozesse.

Abbildung 3: Einflußfaktoren unternehmerischer Entscheidungen

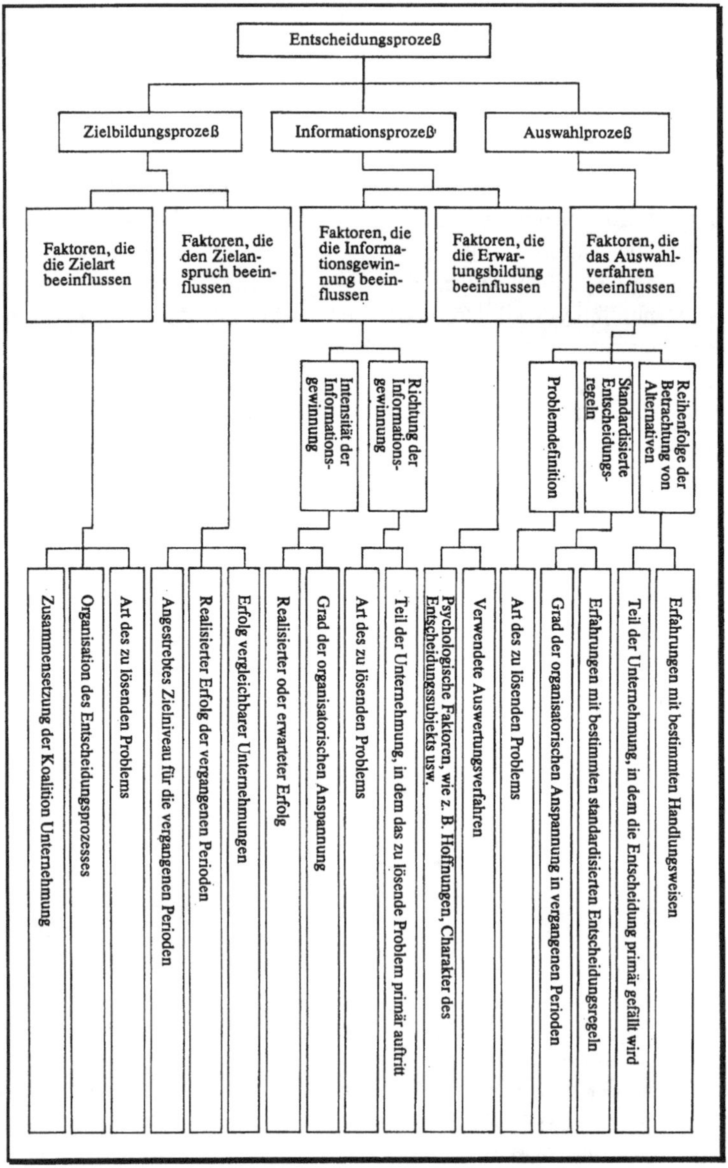

Quelle: Bamberg, Günter und Coenenberg, Adolf G. (1994), S. 8.

Abbildung 4: Organisatorischer Entscheidungsprozeß

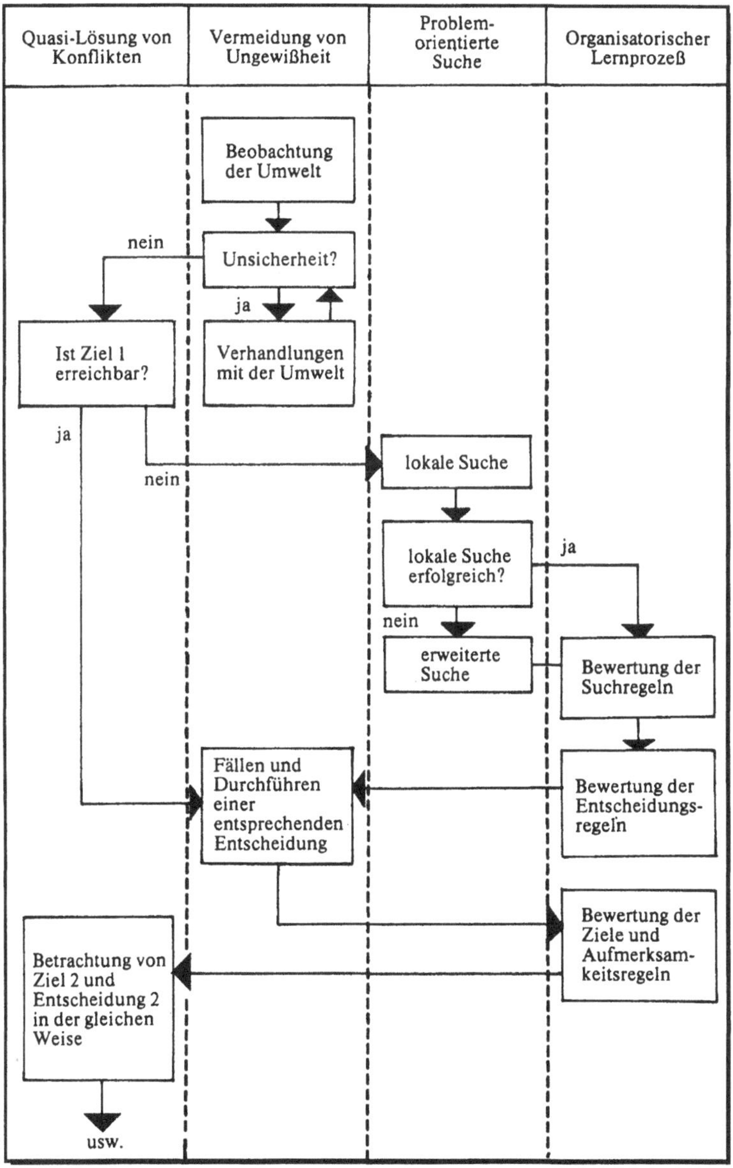

Quelle: Cyert, Richard M. und March, James G. (1963), S. 126.

Im Ergebnis erfolgt eine Erweiterung des unternehmerischen Zielsystems, es wird das Verhalten von Managern einer Unternehmung zu erklären versucht, und es werden Regeln zur Umweltbeeinflussung, zur Konfliktminimierung und zur Entscheidungsfindung aufgestellt. Insofern stellt diese Richtung einen integrativen Ansatz dar, da sowohl einzelne Umweltsegmente als auch einzelne Verhaltensmuster von Mitgliedern einer Unternehmung in die Betrachtung einbezogen werden. Problematisch hierbei ist jedoch, daß auf der einen Seite der verhaltensorientierte Ansatz einen ganzheitlichen Anspruch erhebt,[76)] auf der anderen Seite aber ein realistischer Verhaltensbegriff nicht eindeutig konkretisierbar ist. Demzufolge läuft der verhaltensorientierte Ansatz Gefahr, sich in der Breite seines Anspruchs zu verlieren. Dennoch liefert die verhaltensorientierte Ausrichtung wertvolle Impulse für die Theorie der Unternehmung, die Unternehmensumwelt expliziter zu erfassen und insbesondere innerbetriebliche wie auch außerbetriebliche Einflüsse zu berücksichtigen.[77)]

2.3 Das Harvard Policy Modell

2.3.1 Verbindung zur Theorie der Unternehmung

Die Gewinnmaximierungshypothese und aufgrund der dargelegten buchhalterischen Mechanik damit verbunden die Maximierung des Eigenkapitalwertes bedeuten, daß die Unternehmung im neoklassischen Modellrahmen einseitig auf die Interessenlage der Eigenkapitalgeber ausgerichtet ist. Wird, wie in der Mikrotheorie, die Unternehmung als monolithische Entscheidungseinheit[78)] i.d.S. gesehen, daß privatgeführte Unternehmung und einziger Unternehmer zusammenfallen,[79)] so fällt der Gewinn als Residuum einzig diesen Wirtschaftssubjekten zu.[80)]

---

76) Vgl. hierzu auch die methodologische Kritik von Schneider, Dieter (1981), S. 167-168 sowie die von ihm gezogenen Parallelen zur Kameralwissenschaft, S. 106-107. Ausgewogener urteilt Hundt, Sönke (1977), S. 197-202, insbesondere S. 201.

77) Den Versuch, den Stakeholder Ansatz auf eine verhaltenstheoretisch geprägte Ebene der Theorie der Unternehmung anzuwenden, unternimmt Mitroff, Ian I. (1983). Dieser Vorgehensweise wird im weiteren jedoch nicht nachgegangen.

78) Vgl. Abschnitt 2.2.4.

79) Jensen, Michael C. und Meckling, William H. (1976), S. 306-307 sprechen in diesem Zusammenhang auch von einer Theorie des Marktes statt der Unternehmung, auf dem Unternehmungen als Wirtschaftssubjekte agieren, da die Unternehmung als „Black Box" ihren Gewinn durch Einhalten von Marginalbedingungen maximiert, ohne daß das „Wie" dieses Handelns Berücksichtigung findet.

80) Vgl. zu dieser Charakterisierung der Unternehmung Alchian, Armen A. und Woodward, Susan (1987), S. 112-113.

Seine Erklärung findet diese Argumentation in der Risikobehaftung des Eigenkapitals. Zusätzlich zum erfolgsunabhängigen Unternehmerlohn erfolgt für die Risikoübernahme eine erfolgsabhängige Entlohnung an den Eigenkapitalgeber, den Unternehmer. Deshalb wird die Unternehmung auch als Konzentrationsstätte unternehmerischer Risiken gesehen, die dort gebündelt an den Faktor Kapital gegeben werden.[81)] Der Faktor Arbeit wird lediglich als Instrument zur Zielerreichung der Unternehmensinteressen in den Bereichen Produktion und Absatz angesehen.[82)]

Die freie und ansatzweise auch die soziale Marktwirtschaft als kapitalgeleitete Wirtschaftsordnungen lassen sich bei dieser Betrachtungsweise ebenfalls durch einen Faktorenvergleich begründen. Die faktorenimmanente Teilbarkeit des Kapital im Vergleich zum Faktor Arbeit führt zu einer höheren Kapitalmobilität. Dadurch ergeben sich risikoreduzierende Diversifikationsmöglichkeiten, die zu einer höheren Risikobereitschaft des Faktors Kapital gegenüber der risikoaversen Arbeit führen. Diese günstigere Übernahme unternehmerischer Risiken bedingt nicht nur die Residualentlohnung, sondern gleichzeitig erfordert eine diversifikationsmäßige Risikoentsorgung über Kapitalstreuung auch Delegation der Unternehmensführung durch die Kapitalgeber an ein Management. Somit ergibt sich faktorenimmanent nicht nur die Kapitalleitung von sondern auch die Funktionentrennung bzw. Arbeitsteilung in marktwirtschaftlichen Betrieben, d.h. in Unternehmen.

Neben der sich am Marginalprinzip entwickelnden theoretischen Kontroverse[83)] wurde deshalb bereits frühzeitig die Frage gestellt, ob außer der Eigenverantwortlichkeit des Unternehmers für sich in Form der ihm zufließenden Gewinne nicht auch eine Fremdverantwortung gegenüber anderen, mit der Unternehmung verbundenen Gruppen besteht.[84)]

---

81) Diese Charakterisierung von Unternehmungen geht auf Knight, Frank H. (1921) zurück. Vgl. auch die Existenzbegründung für Unternehmen in Abschnitt 2.1. Vgl. zur allgemeinen Sichtweise der Unternehmung im Hinblick auf die Gedanken von Coase und Knight Boudreaux, Donald J. und Holcombe, Randall G. (1989), S. 147-154.

82) Vgl. Buono, Anthony F. und Nichols, Larry (1985), S. 3.

83) Vgl. Abschnitt 2.2.4.

84) Vgl. hierzu die Überlegungen von Dodd, E.M. (1932), S. 1145-1163 sowie von Berle, Adolf J. (1931), S. 1049 und 1066.

2.3.2 Charakteristika des Modells[85)]

Die explizite Berücksichtigung eben nicht in der Personengruppe des Unternehmers liegender Interessen ist postularischer Ausgangspunkt des Harvard Policy Modells. Demnach handelt der Unternehmer nicht nur eigenverantwortlich für sich selbst,[86)] sondern hat gleichzeitig eine treuhänderische Verantwortung gegenüber seinen Arbeitnehmern und Kunden, aber auch ganz allgemein gegenüber der Gesellschaft. Diese Gruppen wollen nämlich ihre Interessen in Form von Werten durch das Unternehmen berücksichtigt wissen. Werte stellen dabei Lebenseinstellungen und Urteile über diejenigen Dinge dar, die die Personalität eines Mitglieds dieser Gruppe ausmachen bzw. die Moral dieser Gruppen bilden.[87)] Die Werte äußern sich mit anderen Worten in den jeweiligen Interessenlagen. Über das Zustandekommen und die Veränderung von Werten muß das Modell jedoch auf soziologische Erkenntnisse zurückgreifen.

Die Unternehmung bleibt im Harvard Policy Modell als monolithische Wirtschafts- und damit Entscheidungseinheit bestehen, die allerdings in eine nicht ausschließlich von ökonomischen Größen determinierte Umwelt eingegliedert ist, wie Abbildung 5 zeigt. Ebenso bleibt die Gewinnerzielungsmaxime erhalten. Hinzu kommt jedoch, daß das unternehmerische Verhaltensmuster um die Berücksichtigung obiger Werte ergänzt, aber nicht ersetzt werden soll. Instrumentell dient für diesen Einbezug das Wertesystem des Unternehmens, das seine Personifizierung im Unternehmer bzw. in der obersten Unternehmensführung findet.

---

85) Vgl. für weitere Einzelheiten Andrews, Kenneth R. (1987).

86) Die aus der Bereitstellung des risikobehafteten Eigenkapitals abgeleiteten unternehmerischen Entscheidungsrechte bleiben davon unberührt.

87) Vgl. Andrews, Kenneth R. (1987), S. 59-60. Die Beziehung der Gruppen(-Mitglieder) untereinander wird durch monetär bewertbaren Leistungsaustausch erfaßt. Vgl. Kirchner, Martin (1991), S. 119.

Abbildung 5: Unternehmensumwelt im Harvard Policy Modell

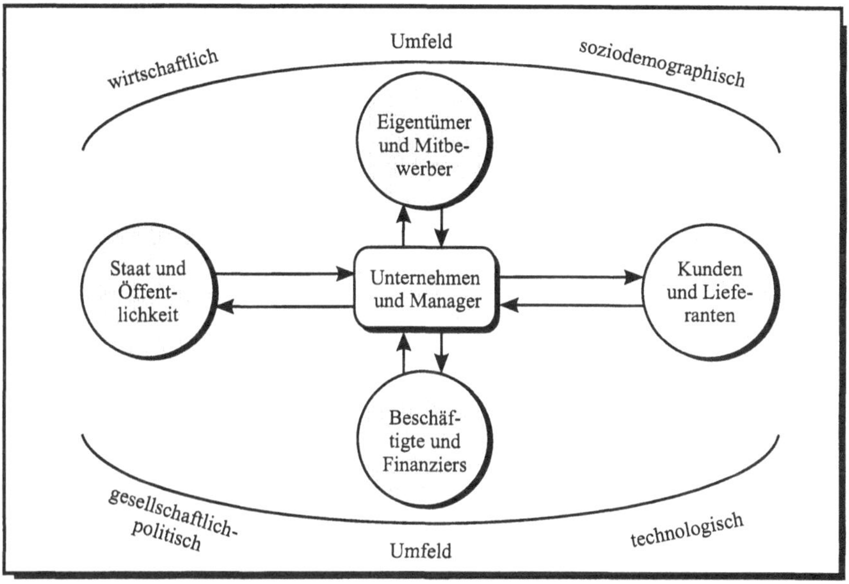

Quelle: In Anlehnung an Freeman, Robert E. (1984), S. 6 und Kirchner, Martin (1991), S. 120.

Das Wertesystem ist für die Unternehmensführung von zentraler Bedeutung, da neben dem Gewinnmaximierungsinteresse alle unternehmerischen Entscheidungen und Handlungen am Wertesystem ausgerichtet werden sollen.[88] Zusätzlich zur Ressourcenkoordination tritt damit die Koordination von Werten und Interessen.[89] Seine inhaltliche Ausgestaltung findet das Wertesystem durch das jeweilige Menschenbild der Unternehmensführung,[90] wodurch gerade die Erfassung von Nicht-Gewinninteressen gelingen soll. Insofern trägt das Menschenbild zur Lösung der Zielproblematik zwischen den Gewinninteressen der Eigner einerseits und den Werteinteressen der übrigen Anspruchsgruppen andererseits

---

88) Ein sichtbar gelebtes Wertesystem ist nach Peters, Thomas J. und Waterman, Robert H. (1982) eine der Hauptdeterminanten für unternehmerischen Erfolg.

89) Echevarría, Santiago García (1993), Teil III sieht deshalb die Unternehmung auch als ein System von Werten an, dem der Koordinationsgedanke übergeordnet ist.

90) Für die Ausgestaltung von Werten deutscher Führungskräfte vgl. die empirische Arbeit von Gabele, E., Kirsch, W. und Treffert, J. (1977), S. 77-133.

bei. Dem Unternehmen wird damit eine soziale Verantwortung und eine Unternehmensethik unterstellt, der es durch das Wertesystem gerecht zu werden versucht.[91] In praxi heißt dies, daß die Unternehmensführung versuchen muß, die gegenseitigen und divergierenden Gruppeninteressen auszugleichen, ohne dabei die Gewinnzielsetzung aus den Augen zu verlieren. Andererseits verfügen die zu berücksichtigenden Interessengruppen über Drohpotentiale wie beispielsweise Kündigung seitens der Arbeitnehmer, Boykott seitens der Zulieferer oder einfach Kundenwanderungen, um ihre Interessen durchzusetzen.[92]

Das Gedankengut des Harvard Policy Modells hinsichtlich der gesellschaftspolitischen Verantwortung der Unternehmung entspricht in weiten Teilen dem Unternehmensbild in der katholischen Soziallehre. Diese beruht auf dem im christlichen Menschenbild verankertem Personenprinzip, das seine Entfaltungen in den sozialen Ordnungsprinzipien der Solidarität und Subsidiarität – diese entsprechen der treuhänderischen Verantwortung im Harvard Policy Modell – sowie dem Gemeinwohlgedanken – im Harvard Policy Modell das Wertesystem – findet.[93] Der Unternehmer hat danach seine Unternehmung so zu führen, daß durch die o.a. Ressourcen-, Werte- und Interessenkoordination ein Einklang mit den Zielen von Unternehmensangehörigen und Nicht-Unternehmensangehörigen, wie beispielsweise auch dem Staat, erreicht wird.[94]

Inwieweit das Harvard Policy Modell seinen eigenen Ansprüchen gerecht zu werden vermag, soll der folgende Abschnitt aufzeigen.

2.3.3 Kritik am Harvard Policy Modell

Eine optimale Zielerreichung für den Unternehmer bedingt aufgrund der ihm innewohnenden Koordinierungsfunktion und der bestehenden Ressourcenabhängigkeiten eine Berücksichtigung der Interessen der jeweiligen Ressourceneigner wie auch sonstiger mit der Unternehmung verbundenen Interessengruppen. Von daher ist es sicher sinnvoll, unternehmerische Entscheidungen nicht ausschließlich an Unternehmerinteressen auszurichten. Die Frage ist nur, ob der Unternehmer jederzeit Gewißheit über sein Wertesystem in dem Sinne besitzt, daß es konkret ausformuliert ist und er darauf aufbauend sämtliche Konsequenzen un-

---

91) Vgl. Andrews, Kenneth R. (1987), S. 65-77.

92) Vgl. Aoki, Masahiko (1986), S. 180-194.

93) Zum Unternehmerbild in der katholischen Soziallehre vgl. Werhahn, Peter H. (1990), Kapitel V.

94) Einen ausführlichen Überblick über den sich aufgrund sozialen Wandels veränderten unternehmerischen Aufgabenbereich enthält Bund Katholischer Unternehmer e.V. (1989).

ternehmerischer Entscheidungen abzusehen vermag.[95] Ebenso unterliegt das Wertesystem im Zeitablauf einer Entwicklung. Über das Zustandekommen und die Dynamik von Werten sind jedoch kaum Aussagen zu treffen. Aber selbst wenn dies der Fall wäre, bleibt fraglich, ob die Vielzahl unterschiedlicher Interessenlagen einzelner Personengruppen und damit verbunden eine Vielfalt von Wertevorstellungen durch ein einziges Wertesystem der Unternehmensführung interessenadäquat berücksichtigt werden kann.[96]

Unterstellt man divergierende Interessenlagen, so ist zu klären, wie diese zu einem Ausgleich gebracht werden können. Zumindest langfristig jedoch erscheint das Gewinnmaximierungsinteresse den anderen Interessenlagen gegenüber dominant zu sein, da das Erzielen von Gewinnen unter vollkommenen Konkurrenzbedingungen die einzige Überlebensstrategie darstellt.[97] Somit erscheint das Überleben der Unternehmung im Wettbewerb auch auf die Interessenlage des Faktors Arbeit ausgerichtet zu sein. Kurzfristige Interessengegensätze schließt das natürlich nicht aus.

Je nach Gewicht der internen Verhandlungsstärke der betreffenden Interessengruppen bzw. nach der Ausprägung des Menschenbildes bei der Unternehmensführung sind dabei im Extremfall, d.h. falls sich die Verhandlungsstärke auf eine einzige Interessengruppe konzentriert, Unternehmenstheorien denkbar, die sich einzig auf die Interessenlage der Unternehmer (Neoklassische Theorie der Unternehmung), der Geschäftsleitung (Manager-Theorie der Unternehmung) oder der Arbeitnehmer (Theorie der arbeiterkontrollierten Unternehmung bzw. auch Gewerkschaftsmodelle) beziehen.[98] Diese Extremfälle sind – zumindest theoretisch – vorstellbar, falls die Interessengruppen in ihren Entscheidungen keinerlei Kontrolle und Überwachung ausgesetzt sind.[99] Insofern hat das Harvard Policy Modell den Vorzug, mehrere Unternehmenstheorien behandeln und erfassen zu können, wobei es allerdings dem individuellen Werturteil des Modellbauers vorbehalten bleibt, welchen Interessenlagen er sich anschließt.

---

95) Vgl. zum letzten Punkt Kirchner, Martin (1991), S. 121.

96) Zu den sich am Wertesystem ausrichtenden Kritikpunkten vgl. Freeman, Robert E. (1984), S. 7-24.

97) Mit diesem Argument entgegnete bereits Alchian, Armen A. (1950), S. 220 Kritiken, die sich gegen die Gewinnmaximierungsannahme der neoklassischen Sichtweise richteten.

98) Vgl. hierzu Teil 1 von Aoki, Masahiko (1986), der mittels der kooperativen Spieltheorie einen gemeinsamen Modellrahmen zu schaffen versucht.

99) Vgl. Kirchner, Martin (1991), S. 121.

3. Der Stakeholder Ansatz

3.1 Grundlagen

3.1.1 Dogmengeschichtliche Einordnung und Entstehung

Nachdem im vorangehenden Abschnitt mit der Darstellung der Theorie der Unternehmung und des Harvard Policy Modells sowohl in Bezug auf die mikroökonomische Theorie als auch auf die betriebswirtschaftliche Praxis die zum Stakeholder Ansatz hinführenden Bausteine gelegt wurden, soll an dieser Stelle dessen dogmenhistorischer Hintergrund beleuchtet werden.

Der Stakeholder Ansatz schöpft sein Gedankengut aus zwei ursprünglich der Organisationslehre zuzuordnenden Theorien: zum einen aus der Koalitionstheorie und zum anderen aus der Anreiz-Beitrags-Theorie,[100] wobei beide einander ergänzen und gewissermaßen eine Einheit bilden.[101] Nach der Koalitionstheorie läßt sich jede soziale Institution oder Organisation, zu der auch Unternehmungen gehören, dadurch charakterisieren, daß die Mitglieder der betreffenden sozialen Institution ihre eigenen Wünsche, Ziele, Meinungen, Werte und Präferenzen mit einbringen. In einem konfliktionären Verhandlungsprozeß entsteht dann das Zielsystem der Unternehmung, sei es eindimensional im Falle der gewinnmaximierenden Unternehmung der Neoklassik oder sei es mehrdimensional bei der Unternehmung nach dem Harvard Policy Modell. Damit aber die Individuen sich freiwillig in bzw. zu einer Organisation zusammenschließen, ist das Zustandekommen eines Anreiz-Beitrags-Gleichgewichts erforderlich. Danach ist ein Beitritt zu einer Organisation für ein Individuum dann lohnend, wenn die Anreize, die es aus der Organisation erhält, seine Beiträge zur Organisation übersteigen.[102] Beispielsweise könnte für einen Arbeitnehmer sein Anreiz-Bei-

---

[100] Die grundlegenden Arbeiten stammen von March, James G. und Simon, Herbert A. (1958), Cyert, Richard M. und March, James G. (1963) sowie von Barnard, Chester J. (1938), dort insbesondere Kapitel XI.

[101] Während sich Barnards Anreiz-Beitrags-Theorie mit grundsätzlichen Beitragsentscheidungen der Koalitionsmitglieder befaßt, kommen bei der Koalitionstheorie nur produktive Beitragsleistungen zum Tragen. Vgl. Janisch, Monika (1993), S. 121, insbesondere Fußnote 12.

[102] Neben dieser utilitaristischen Einverständnismöglichkeit lassen sich in systemtheoretischer und politischer Sichtweise der Unternehmung noch normative und erzwungene Einverständnisse zum Beitritt unterscheiden. Während im ersteren Fall die Beitretenden sich mit der Unternehmung identifizieren, indem sie gewisse Werte und Normen mit ihr teilen, wird im letzteren Fall durch einen der Beteiligten Gewalt zur Zielerreichung angedroht oder verwendet. Vgl. zu den unterschiedlichen Möglichkeiten von Beitrittseinverständnissen Piller, G.K. (1981), S. 26.

trags-Gleichgewicht darin bestehen, daß sein nutzenbewertetes Lohneinkommen mindestens seinem Arbeitsleid bzw. den Opportunitätskosten entgangener Freizeit entspricht. Ähnlich ließe sich aus Sicht eines Kapitalgebers an ein Unternehmen fordern: Die Kapitalrückflüsse in Form von Zinsen, Dividenden, Tilgung und sonstigen Zahlungen müssen mindestens dem Nutzenverlust entsprechen, den der Kapitalgeber beispielsweise durch den Konsumverzicht in Form des Sparvorgangs „Kapitalüberlassung" erleidet.

Das Zustandebringen bzw. Herbeiführen eines Anreiz-Beitrags-Gleichgewichts – beispielsweise durch entsprechende Lohnformen oder Kreditverträge – ist zum einen die Aufgabe wie auch zum anderen die Existenzberechtigung von Unternehmungen. Scheitern die Maßnahmen zum Zustandebringen eines Anreiz-Beitrags-Gleichgewichts, so wird auch die Unternehmung im Sinne ihrer Funktionserfüllung überflüssig. Da die erforderlichen Maßnahmen auf freiwilligen Tauschhandlungen beruhen, ist das Herbeiführen eines Anreiz-Beitrags-Gleichgewichts eine permanente und an verändernden Umweltgrößen anzupassende Aufgabe.[103)] Methodischer Lösungsansatz ist dabei eine fortwährende Anspruchsanpassung (Satisficing). Dieses Einnivellieren an sich verändernde Zielansprüche der Individuen und der damit einhergehende Verzicht eines Ausrichtens an Extremforderungen – wie es durch die Gewinnmaximierung in der Theorie der Unternehmung der Fall ist – hilft divergierende Vorstellungen einzelner Individuen und damit das Ausmaß konfligierender Zielsysteme auf ein Minimum zu reduzieren.

3.1.2 Gemeinsamkeiten und Abgrenzung zur Theorie der Unternehmung und zum Harvard Policy Modell

Im Rahmen dieser Arbeit kann der Stakeholder Ansatz als Versuch verstanden werden, theoretische Argumentationen und praktische Anwendbarkeit miteinander zu integrieren. Ausgehend von dem im Kapitel 1.3 gerechtfertigten methodologischen Pluralismus wird die Unternehmung als Organisation gesehen, die sowohl mit ihrer Umwelt als auch mit deren Mitgliedern in Wechselwirkung steht. Der Faktor Umwelt als Extra-Komponente[104)] wird nun aber anders als in der Theorie der Unternehmung, die einzig die Technologie umweltgegeben vorgibt, detaillierter analysiert. Ebenso ist das Interessengeflecht der einzelnen Un-

---

103) Vgl. zum Anreiz-Beitrags-Gleichgewicht neben Cyert, Richard M. und March, James G. (1963), S. 27 und 29 auch Bamberg, Günter und Coenenberg, Adolf G. (1994), S. 6-10, die eine Einbettung im Rahmen der betrieblichen Entscheidungslehre vornehmen.

104) Vgl. Abschnitt 2.2.2.

ternehmensgruppen im Gegensatz zum Harvard Policy Modell mit seinem Wertesystem differenzierter ausgestaltet.

Gemeinsame Grundlage aller Ansätze bleibt aber ein Ausrichten der Unternehmenspolitik an einer oder mehreren Wertgrößen. Allerdings ist darauf hinzuweisen, daß die Berücksichtigung weiterer Zielgrößen – beispielsweise durch das Wertesystem der Unternehmung im Harvard Policy Modell – sowohl durch eine Aufnahme in den Katalog der Nebenbedingungen, was i.d.R. eine Verringerung des zulässigen Lösungsraums zur Folge hat, als auch durch eine Erweiterung der Zielfunktion erfolgen kann. Dabei ist jedoch zu beachten, daß oftmals nicht genau zu erkennen ist, in welcher der beiden Modellkomponenten zusätzliche Aspekte Berücksichtigung finden. In der Theorie der Unternehmung waren, wie in Abschnitt 2.2.4 dargestellt, sowohl Ziel- als auch Umweltprämissenmodifikationen zu beobachten, wobei die Trennung in den einzelnen Modellen relativ klar zu erkennen ist. Im Gegensatz dazu ist beim Harvard Policy Modell nicht immer klar erkennbar, ob sich das Wertesystem auf Ziel- oder Umweltannahmen auszurichten hat. Diese fehlende Eindeutigkeit haftet zum Teil auch dem Stakeholder Ansatz an, weswegen zumindest in dieser Arbeit an den relevanten Stellen explizit auf die jeweilige Bezugnahme hingewiesen wird.[105)]

Schließlich lassen sich soziologisch in der Entwicklungsgeschichte von Unternehmungen die folgenden drei Phasen unterscheiden,[106)] die einen direkten Bezug zu den vorgestellten Modellen aufweisen, indem sie die Veränderung der unternehmerischen Zielsetzung in Abhängigkeit von der jeweiligen Umweltauffassung aufzeigen.

Die Unternehmung der Gründerzeit und der industriellen Revolution wird als Maschine aufgefaßt, deren einzige Zielsetzung darauf ausgerichtet ist, einen möglichst hohen Gewinn zu erzielen. Die Unternehmung in dieser ersten Phase wird eignergeleitet, d.h. es gibt kein Management und die Unternehmensführung kann sich ausschließlich am Gewinnmaximierungsinteresse des Unternehmens ausrichten, da beide zusammenfallen und zumal der Unternehmer den Faktor Arbeit als „Rädchen im Getriebe Unternehmung" einsetzen kann, was jederzeit austausch- und ersetzbar ist.[107)] Sämtliche Beziehungen der Unternehmung werden über den Markt und den Preismechanismus dezentral erfaßt. Daraus resultierende Wohlfahrtsgewinne stellen ebenfalls eine Rechtfertigung für die Maschi-

---

105) So werden beispielsweise bei der Erweiterung des Capital Asset Pricing Modells (CAPM) die Stakeholderansprüche explizit als Nicht-marktfähige-Finanztitel ausgewiesen.

106) Vgl. dazu im folgenden Ackoff, Russel L. (1981), S. 25-30.

107) Es sei hier an den Manchesterkapitalismus erinnert.

nenauffassung dar.[108] Die Unternehmen sind also technische Werkzeuge zur Produktion von Wohlfahrt als den aufsummierten Konsumenten- und Produzentenrenten, wodurch sie auch sozial begründet wurden. Unternehmertum wurde – zumindest von den herrschenden Schichten – sozial gerechtfertigt durch das Zustandekommen von Wohlstand, Freiheit und Beschäftigung. Diese erste Phase der Unternehmensgeschichte wird somit recht gut durch die Theorie der Unternehmung erfaßt. Voraussetzung für diese mechanische Sichtweise war zum einen ein Überangebot an Arbeit, über das die Unternehmung nahezu vollständige Herrschaft ausüben konnte. Zum anderen war der Faktor Arbeit insofern homogen, als daß die benötigten Arbeitsqualifikationen und -fähigkeiten als gering zu erachten waren und sich auch mangels Bildung oder sonstiger Arbeitsqualifikationsmaßnahmen kaum ausbilden konnten.

Mit zunehmender technischer und sozialer Entwicklung wurden aber die seitens der Unternehmer geforderten Arbeitsleistungen anspruchsvoller, was besser ausgebildete Arbeitnehmer nicht mehr zu einem jederzeit und beliebig ersetzbaren preiswerten Produktionsfaktor werden ließ. Die Bildung von Gewerkschaften zur Durchsetzung von Arbeitnehmerinteressen war eine Folge, eine andere war die Verbesserung des Bildungssystems. Aufgrund der nun komplex angewachsenen Unternehmungen, die sich aufgrund erhöhten Kapitalbedarfs oftmals in der Rechtsform der Aktiengesellschaft organisierten, wurde zum einen das Eigentum aufgespalten und wurde zum anderen die Koordination eines planvollen Ressourceneinsatzes komplizierter. Beides führte dazu, daß die Unternehmung in dieser zweiten Phase fremdgeleitet durch ein Management wurde.[109] Dieses hat die Unternehmung als Organismus mit unterschiedlichen Zielsetzungen der einzelnen (Mit-)Glieder zu führen. Diese biologische Sichtweise stellt neben der Integration der Einzel- zu einem Gesamtinteresse wie im Harvard Policy Modell vor allem auf die Ziele Überleben und Wachstum ab. Überleben läßt sich dabei einerseits auffassen als die Rechtfertigung für die Gewinnmaximierung[110] bzw. als deren Folge. Andererseits stellt Überleben aber auch eine unabdingbare Voraussetzung für Wachstum dar. Hinzu kommen hierfür Faktoren wie Innovation, technischer Fortschritt und Know How. Einhergehend mit dieser unternehmerischen Fortentwicklung zur dritten Phase wuchs die Verantwortung

---

108) Vgl. Buono, Anthony M. und Nichols, Larry (1985), S. 4.

109) Ihren historischen Niederschlag in der Literatur findet diese Trennung von Eigentum und Verfügungsgewalt durch die Arbeit von Berle, Adolf und Means, G. (1932).

110) Vgl. Abschnitt 2.2.2 und 2.3.3.

der Unternehmung nicht nur für ihre Arbeitnehmer, sondern allgemein für die sie einschließende Umwelt und Gesellschaft.[111)]

Die Unternehmung ist jetzt in der dritten und letzten Phase weder mechanisch noch biologisch zu sehen, sondern ist eine Organisation, d.h. ein zielgerichtetes und zweckgeleitetes System, das Teil eines oder mehrerer anderer zielgerichteter Systeme ist und dessen Teile eigene Interessen haben. Der Schritt zum Stakeholder Ansatz ist damit vollzogen. Nur insofern, als daß eine Unternehmung für ihre Anspruchsgruppen materiellen wie auch immateriellen und von diesen Anspruchsgruppen als subjektiv empfundenen Nutzen zu produzieren imstande ist, ist ihr Überleben gesichert.[112)] Es findet damit ein Wechsel von der reinen Überlebensstrategie in Form der Gewinnmaximierung zur sinnvollen Überlebensstrategie im Sinne einer Nutzengenerierung für alle Anspruchsgruppen statt.[113)] Neben der Einschränkung der nur begrenzt zur Verfügung stehenden Ressourcen kommt jetzt als Verschärfung dieser Nebenbedingung hinzu, daß die Unternehmung den Ansprüchen ihrer Stakeholder nur insoweit genügen kann, als dadurch die ressourcenbedingten Möglichkeiten der Unternehmung nicht überfordert werden.[114)]

3.1.3 Die Personengruppe der Stakeholder

Die Vokabel „stake" erscheint im Englischen in zahlreichen Bedeutungen.[115)] Im vorliegenden Kontext bedeutet stake zum einen den Geldbetrag, der durch einen Stakeholder angelegt ist. Zum anderen läßt sich stake mit Interesse an oder Bezug zu einer Sache übersetzen, wobei insbesondere auf finanzielle Interessen verwiesen wird. Im US-amerikanischen Englisch findet sich stake umgangssprachlich in der Bedeutung von finanzieller oder anderer Unterstützung für oder an jemanden.

---

111) So wird Werner von Siemens mit den Worten zitiert: „Dabei kann ich nur selbst das Zeugnis geben, daß es nicht Gewinnsucht war, die mich bewog, meine Arbeitskraft und mein Interesse in so ausgedehntem Maß technischen Unternehmungen zuzuwenden..., denn solche Unternehmungen, die das Gemeinwohl fördern, werden durch das allgemeine Interesse getragen und erhalten dadurch größte Aussicht auf erfolgreiche Durchführung." Vgl. Bohmert, Friedrich (1974), S. 369.

112) Vgl. Pümpin, Cuno (1989), S. 260.

113) Vgl. Janisch, Monika (1993), S. 143.

114) Vgl. Dyllik, Thomas (1984), S. 74.

115) Siehe beispielsweise die Eintragungen in Allen, Robert E. (1990), S. 1185-1186.

Die Person des Stakeholders wird somit im übertragenen Sinne definiert als eine Personengruppe, die einen bestimmten finanziellen oder sonstigen Anspruch an einer Sache erhält.[116)] Jede dieser Parteien versucht, direkt oder indirekt über Interessenvertreter ihre Interessen durchzusetzen, wobei der Unternehmung die Aufgabe zufällt, diese Interessen zu bündeln, zu koordinieren und auszugleichen.[117)] Historisch geht die Namensgebung von Stakeholdern auf Freeman[118)] und sein Grundlagenwerk über den betriebswirtschaftlichen Stakeholder Ansatz zurück.[119)]

Nach dem Grad der Einflußmöglichkeit bzw. nach der Verhandlungsstärke, die Stakeholder besitzen, ihre Interessen nicht nur geltend zu machen, sondern auch durchzusetzen, wird zwischen primären und sekundären Stakeholdern unterschieden.[120)] Erstere sind jene Individuen und Gruppen, die einen spürbaren Beitrag zum Unternehmen und seinem (Weiter-)Bestehen beitragen. Zu ihnen gehören die Arbeitnehmer, die Kunden und die Lieferanten. Im Gegensatz dazu nehmen sekundäre Stakeholder nicht an den eigentlichen Unternehmenstätigkeiten teil. Beispiele hierfür sind die Kunden als Gesamtheit – also neben den tatsächlichen Kunden, die zu den primären Stakeholdern zu zählen wären, auch die potentiellen Kunden –, ethnische und sonstige Minderheiten bzw. Randgruppen, Umweltschutzgruppen, die Presse und Medien sowie die Mitbewerber.[121)] Gemeinsam ist primären wie sekundären Stakeholdern, daß umgekehrt Unternehmensaktivitäten Einfluß auf sie haben. Zu dieser Abgrenzung ist anzumerken, daß die Unterscheidung dynamischer Natur ist, d.h. sich im Zeitablauf ändern kann und wird. Insbesondere wird die Kundenstruktur einem Wandel unterworfen sein. Ebenso kann ein einzelnes Individuum sowohl der Gruppe der primären wie auch der sekundären Stakeholder angehören.

---

116) Stakeholder: An independent party with whom each of those who make a wager deposits the money etc. wagered.

117) Vgl. Ackerman, Robert W. und Bauer, Raymond A. (1976), S. 16.

118) Vgl. Freeman, Robert E. (1984), S. 32 und 49 Fußnote 1.

119) Freeman, Robert E. (1984), S. 31 verweist seinerseits auf die Namensgebung durch das Institut für Planung in Lockheed im Jahre 1960 sowie auf das Stanford Research Institute im Jahre 1963 als erstmalige Begriffserwähnung. Danach sind Stakeholder ... „those groups without whose support the organization would cease to exist.“ Ähnlich äußern sich Freeman, R. Edward und Reed, David (1983), S. 91 zur Bedeutung von Stakeholdern für die Unternehmung. Aufgrund dieser Unabdingbarkeit für die Unternehmensexistenz besitzt diese Definition schon den Charakter einer eigenständigen Ressource, so daß diese starke Merkmalsgebung im weiteren Verlauf der Arbeit nicht weiter verfolgt wird.

120) Vgl. Buono, Anthony F. und Nichols, Larry (1985), S. 5.

121) Vgl. zu diesen beispielhaft aufgezählten Gruppen Scott Armstrong, J. (1977), S. 185 ff.

Deshalb läßt sich als operationaler erscheinendes Abgrenzungskriterium die Unterscheidung in interne und externe Stakeholder aufführen. Hier wird darauf abgestellt, ob die jeweilige Interessengruppe dem Unternehmen angehört oder nicht.[122)] Im Sinne der Operationalität sollte die Abhängigkeit dadurch gekennzeichnet sein, ob der betrachtete Stakeholder ein vertraglich-rechtliches Verhältnis zu der Unternehmung hat.[123)] Demnach wären zu den internen Stakeholdern zu zählen: Arbeitnehmerschaft, Betriebs- und Personalräte, Aufsichtsräte und sonstige Kontrollorgane sowie die eigentliche Unternehmensführung. Der Staat, die Gewerkschaften, Lobbyisten, Wettbewerber und Konkurrenten, die Öffentlichkeit, Aufsichtsbehörden gehörten zu den externen Stakeholdern. Eine Zwischenstellung würden Gruppen einnehmen, mit denen die Unternehmung eine von vorneherein befristete Beziehung eingeht, wie z.B. Projektpartner bei Arbeitsgemeinschaften, von anderen Unternehmen für spezielle Arbeiten (z.B. Forschung und Entwicklung oder Datenverarbeitung) ausgeliehene Fachkräfte oder allgemein Tochterunternehmen.

Die abschließende Abbildung 6, die eine Klassifizierung nach den jeweiligen unternehmerischen Beziehungen vornimmt, soll einige typische Stakeholder noch einmal graphisch vor Augen führen, bevor im nächsten Abschnitt Identifizierungskriterien für Stakeholder herausgearbeitet werden, die eine finanzwirtschaftliche Anwendung ermöglichen.

---

122) Ebenso ist als Unterscheidungskriterium ein Abstellen auf die vorhandene oder fehlende Beteiligung am Steuerungssystem der Unternehmung möglich, wie es beispielsweise in Dyllik, Thomas (1984), S. 74-78 der Fall ist. Diese Unterscheidung fußt jedoch auf fließenden Grenzen, da beispielsweise externe Gruppen, wie die Hausbanken oder Großkunden, durchaus Einfluß auf interne Steuerungsabläufe nehmen können.

123) Um möglichen späteren Widersprüchen vorzubeugen, sei bereits an dieser Stelle darauf hingewiesen, daß das Vorliegen expliziter Vertragsverhältnisse die Existenz impliziter Ansprüche, die vertraglich nicht fixiert sind, nicht ausschließt. So kann beispielsweise ein Arbeitnehmer mit Arbeitsvertrag durchaus Interessen in Sachen Umweltschutz an das Unternehmen hegen oder um die Sicherheit seines Arbeitsplatzes besorgt sein.

Abbildung 6: Stakeholder der Unternehmung

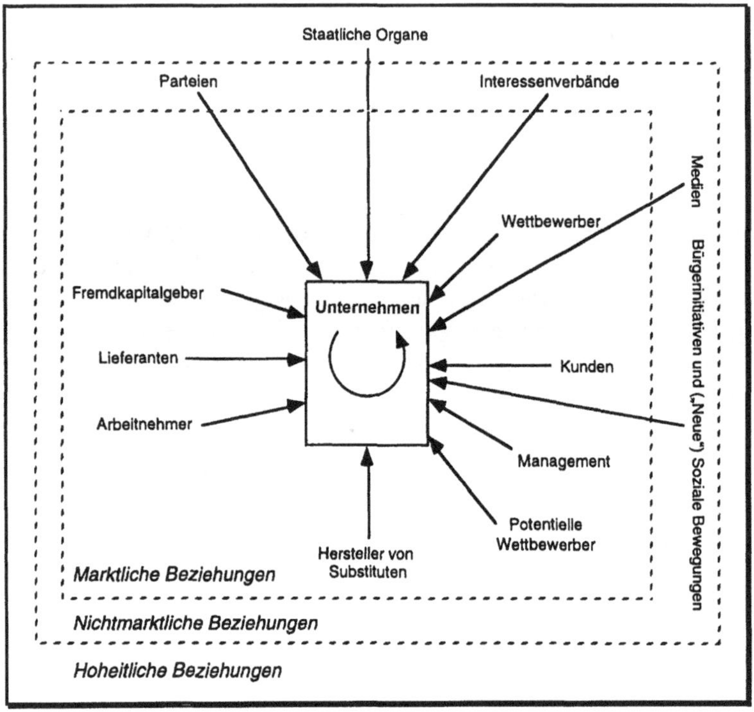

Quelle: In Anlehnung an Liebl, Franz (1996), S. 126.

3.1.4 Die Identifizierung von Stakeholdern

Unabhängig von der zuvor gewählten Klassifizierungsmethode ist für eine Identifizierung von Stakeholdern ein Zusammentreffen folgender Spezifika erforderlich: Faktische Macht auf der einen Seite, die jeweiligen Interessen durchsetzen zu können und andererseits Machtwillen, d.h. dieses Durchsetzenkönnen auch in die Tat umsetzen zu wollen.[124)] Faktische Macht als Grundlage und der Wille zur Machtausübung bilden zusammen ein Bedrohungspotential für die Unterneh-

[124)] Einen Überblick über die in den Sozialwissenschaften anzutreffenden inhaltlichen Ausgestaltungen des Phänomens Macht vermittelt Clegg, Stewart R. (1994), Kapitel 1.

mung[125] in der Art, daß sie bei der Ausübung bzw. Umsetzung ihrer sinnvollen Überlebensstrategie behindert wird, was indirekt dann auch die Interessenlage anderer Stakeholder beeinflußt.[126] Je nach Stärke und Zusammentreffen lassen sich für die Identifizierung von Stakeholdern die folgenden Gruppen unterscheiden.[127]

Bloße unternehmerische Bezugsgruppen sind sowohl hinsichtlich ihrer faktischen Macht als auch ihres Machtausübungswillens als gering einzuschätzen. Mildtätige und überstaatliche Organisationen, die Kirchenverbände und andere soziale Gruppen sind hier zu nennen. Sie weisen zwar einen tatsächlichen oder in den meisten Fällen potentiellen Bezug zum Unternehmen auf, jedoch ist dieser vernachlässigbar und tritt höchstens indirekt auf. Außerdem ist der Bezugspunkt i.d.R. allgemein gehalten, so daß zwar die Unternehmungen in ihrer Gesamtheit dadurch erfaßt würden, nicht jedoch einzelne Unternehmungen. Ein Spendenaufruf der Caritas beispielsweise oder das Versprechen, auf dem Weltklimagipfel für eine Schadstoffreduzierung zu sorgen, spricht zwar indirekt alle Unternehmungen an, ohne daß sie jedoch direkt hierdurch betroffen wären. Somit sind Bezugsgruppen nicht als Stakeholder von Unternehmen zu identifizieren.

Die genau gegenteiligen Machtniveaus bezüglich Grundlage und Ausübungswillen weisen die strategischen Anspruchsgruppen auf. Die hohe Machtgrundlage rührt daher, daß es diese Umweltgruppen verstanden haben, ihre Interessen durch konkrete Erwartungen und Ansprüche in einem Selbstorganisationsprozeß zu bündeln und zu konzentrieren.[128] Der ausgeprägte Wille zur Machtausübung ist insofern gegeben, als daß aufgrund des Selbstorganisationsprozesses diese Gruppen Handlungseinheiten darstellen, die zur Erreichung ihrer konkretisierten Erwartungs- und Anspruchshaltung ihr Verhalten daraufhin auszurichten versuchen.[129] Dies kann im Rahmen faktischer, gesetzlich-normativer Grundlagen auf direktem Wege oder über gesellschaftspolitische und wirtschaftsethische Kon-

---

125) Vgl. Janisch, Monika (1993), Abbildung 9. Freeman, R. Edward und Reed, David L. (1983), S. 93 nehmen eine Differenzierung der Machtbasis nach formalem, ökonomischem und politischem Ursprung vor, lassen aber den Machtausübungswillen unberücksichtigt.

126) Im Sinne der ursprünglichen Stakeholderdefinition des Stanford Researche Institute – vgl. Fußnote 119 – wäre gar die Überlebensfähigkeit der Unternehmung gefährdet.

127) Vgl. Achleitner, Paul (1985), S. 76, der allerdings auf Interessenart und Interessenintensität von Gruppen abstellt.

128) Vgl. Ansoff, H. Igor (1984), S. 483-484.

129) Vgl. Oechsler, Walter (1979), S. 195.

ventionen auf einem eher subtilen Weg erfolgen. Die strategischen Anspruchsgruppen sind damit eindeutig als Stakeholder zu identifizieren.

Eine Mittelstellung nehmen Quasi-Anspruchsgruppen ein.[130] Zwar weisen sie einen hohen Willen zur Machtausübung auf; dieser läßt sich jedoch aufgrund einer gering ausgeprägten faktischen Macht nur schwer umsetzen. Als Beispiel seien hier „schwache" Betriebs- und Personalräte genannt oder Gewerkschaften in Ländern, in denen die Lohnverhandlungen nicht im Rahmen von Tarifrunden, sondern direkt zwischen Arbeitgebern und Arbeitnehmern geführt werden. Die Bedeutung der Quasi-Anspruchsgruppen ist derivativer Art. Es ist nämlich durchaus der Fall denkbar, daß eine Quasi-Anspruchsgruppe für eine strategische Anspruchsgruppe deren Interessenformulierung und -konkretisierung übernimmt; entweder, weil sie durch die strategische Anspruchsgruppe hierzu beauftragt wurde, oder aber, weil sich die Quasi-Anspruchsgruppe hiervon verspricht, an der bedeutenden faktischen Macht der strategischen Anspruchsgruppe teilhaben zu können. Diese Anspruchsgruppenfusion stellt für die Unternehmung ein doppeltes Bedrohungspotential dar, weswegen hier Quasi-Anspruchsgruppen ebenfalls als Stakeholder identifiziert werden sollen.[131] Andererseits erfolgt durch ein Ausrichten der Unternehmenspolitik an den Interessen der strategischen Anspruchsgruppen eine Bedrohungsreduktion auf Seiten der Quasi-Anspruchsgruppen.

Als letzte Gruppe sind diejenigen Personen zu betrachten, deren Wille zur Machtausübung bei hoher faktischer Macht als gering einzustufen ist. Auch sie sind als Stakeholder zu identifizieren, da der Wille zur Machtausübung zeitlich kurzfristig zu erreichen ist – beispielsweise durch eine Änderung der Interessen- und Anspruchslage –, während der Aufbau einer starken faktischen Macht nur relativ langfristig erfolgen kann.

Somit ist bis auf den Fall der bloßen Bezugsgruppen eine Identifikation als und Zuordnung zu Stakeholdern möglich, wobei die praktische Abgrenzung zwischen den übrigen drei Gruppen einer gewissen Unschärfe unterliegt. Allerdings ist zu beachten, daß die Zugehörigkeit zu einer bestimmten Gruppe im Zeitablauf Änderungen unterworfen ist, da sowohl die faktische Macht wie auch der Wille, diese auszuüben, keine konstanten Größen sind. Ebenso sind Migrationen und Wechselbeziehungen zwischen den einzelnen Gruppen möglich. Von daher ist es erforderlich, von Zeit zu Zeit eine Überprüfung der bereits als Stake-

---

130) Vgl. Janisch, Monika (1993), S. 127.

131) Im Gegensatz dazu werden bei Janisch, Monika (1993) nur die strategischen Anspruchsgruppen unter den Stakeholdern erfaßt, wobei dort hauptsächlich auf einen systemtheoretischen Ansatz abgestellt wird.

holder identifizierten Personen- und Umweltgruppen danach vorzunehmen, ob sie noch die für eine Identifizierung relevanten Machtkriterien erfüllen. Noch wichtiger erscheint es, Ausschau nach potentiellen weiteren Stakeholdern zu halten und diese den Identifikationskriterien zu unterwerfen. Denn neue entstehende Stakeholder können zum einen die Bedrohung durch bereits bestehende Stakeholder erhöhen oder aber auch beeinträchtigen, wenn die Interessenlagen konträr ausgerichtet sind.[132)] Ebenso ist die Möglichkeit einer derivativen Stakeholderbildung dadurch erfaßt.

Die bis hierher vorgenommene Identifizierung von Stakeholdern darf nicht zu dem Eindruck verleiten, daß nahezu jedwede Personengruppe, mit der die Unternehmung in Berührung kommt, als Stakeholder zu betrachten ist. Vielmehr sind als notwendige Voraussetzung die folgenden beiden Abgrenzungen insbesondere für die Finanzierungslehre zu beachten: Negativ abgegrenzt scheiden alle diejenigen Ansprüche aus der Betrachtung aus, die rechtlich über Verträge, Konventionen oder Vereinbarungen abgesichert sind.[133)] Für die Finanzierung heißt dies, daß Eigen- wie Fremdkapitalgeber nicht zu den Stakeholdern gehören. Ebenso schließt das die im Unternehmen arbeitenden Personen wie Arbeitnehmerschaft und Management aus, sofern deren Ansprüche auf die mit dem Unternehmen geschlossenen Arbeitsverträge beruhen. Andererseits können diese Personen aber neben ihren vertraglich entstandenen Ansprüchen (Löhne, Dividenden, Tantiemen, Sozialleistungen, Arbeitsschutzregelungen) durchaus auch solche Ansprüche hegen, die nicht vertragsrechtlich abgesichert sind. Es ist mit anderen Worten möglich, daß eine bestimmte Person sowohl explizite rechtliche Ansprüche an ein Unternehmen hält als auch gleichzeitig weitere nicht durch das Rechtssystem gesicherte Ansprüche.[134)]

Positiv abgegrenzt bedeutet dies, daß neben der personenmäßigen Identifizierung auch auf die Rechtsnatur der Ansprüche hinzuweisen ist. Als Stakeholderansprüche kommen nur die sogenannten impliziten Ansprüche in Betracht, die nur eine geringe oder gar keine rechtlich gesicherte Grundlage haben. Ihr Zustandekommen liegt in einer Ersparnis von Transaktionskosten begründet, in dem Sinne, daß eine explizite rechtliche Absicherung von Ansprüchen nur zu

---

132) In diesem Fall sollte die Unternehmung eindeutige Prioritäten setzen, welche Interessen sie zu erfüllen imstande und gewillt ist. Vgl. Janisch, Monika (1993), S. 129.

133) Im Gegensatz dazu ist der Stakeholderbegriff bei Cornell, Bradford und Shapiro, Alan C. (1987) weiter gefaßt, da sie den Stakeholdern nicht nur implizite sondern auch explizite Ansprüche zubilligen. Bei dieser Vorgehensweise wird aber eine Abgrenzung zu Kapitalgebern der Unternehmung mit ihren rechtlich fixierten Kapitalüberlassungsansprüchen erschwert.

134) Vgl. ebenfalls die Anmerkungen in Fußnote 123.

unverhältnismäßig hohen Kosten möglich wäre. Das ist insbesondere bei denjenigen Ansprüchen der Fall, die entweder nur schwer zu spezifizieren sind oder die nur vereinzelt bzw. individuell auftreten.[135] Für ersteres Charakteristikum lassen sich beispielhaft aufführen: Kunden- und Mitarbeiterzufriedenheit, ökologische Unternehmenspolitik. Das Abstellen auf die Wünsche eines Großabnehmers, Großlieferanten oder der Hausbank sind Beispiele für das letzte Kriterium.[136] Wegen dieser Charakterisierung haben implizite Ansprüche von Stakeholdern eine Ähnlichkeit mit Eventualverbindlichkeiten bzw. mit Versprechungen, und es stellt sich die Frage, wie diese einer Bewertung unterzogen werden können, um sie in Finanzmarktmodelle integrieren zu können.

3.2 Bewertung von Stakeholdern

3.2.1 Das Konstrukt impliziter Ansprüche

Die Überlegungen des letzten Abschnitts haben gezeigt, daß für eine Behandlung von Interessen und Ansprüchen unterschiedlicher Personengruppen diese Gruppen nicht nur geeignet identifiziert werden müssen, sondern ebenso deren Ansprüche für eine nötige Bewertung erfaßt werden müssen. Sowohl für die praktische Anwendung wie auch für eine theoretische Analyse erscheint deswegen ein zweistufiges Vorgehen, d.h. zuerst die personenbezogene und danach die anspruchsbezogene Erfassung von Interessens- und Anspruchsgrundlagen, erforderlich. Die originär betriebswirtschaftlich ausgerichtete Literatur zum Stakeholder Ansatz legt ihren Schwerpunkt auf den ersten Problemkreis.[137] Hierzu ist allerdings anzumerken, daß diese Literatur auch weniger finanzwirtschaftliche Fragestellungen verfolgt, sondern allgemein den Bereichen Unternehmensführung und Managementlehre zuzuordnen ist.

Die volkswirtschaftliche Seite betont, wie gezeigt, im Rahmen der Unternehmenstheorie die Gewinnmaximierung durch rechtlich an die Unternehmung gebundene Eigenkapitalgeber. Im Rahmen der Finanzierungslehre wird ebenso ein rechtlich fundiertes Vertragsverhältnis zwischen den einzelnen Kapitalgebern und Kapitalnehmern unterstellt. Gleiches gilt für Investitionen. Die Kapi-

---

135) Vgl. Cornell, Bradford und Shapiro, Alan C. (1987), S. 6 sowie im weiteren die Ausführungen des Abschnitts 3.2.1.

136) Explizite rechtliche Ansprüche bleiben, wie gesagt, ausgeklammert.

137) So etwa für den deutschsprachigen Raum Janisch, Monika (1993) oder Mitroff, Ian I. (1983) als Beispiel für den anglo-amerikanischen Sprachraum. Vgl. auch Fußnote 148 in Abschnitt 3.2.2.

talüberlassung von Investoren zielt darauf ab, einen möglichst hohen positiven Kapitalwert zu erzielen, was einer Ausgestaltung des Gewinnmaximierungsverhaltens entspricht. Für die Bereitstellung und Überlassung der Ressource Kapital werden den Investoren je nach Verhandlungsmacht unterschiedliche Kontroll-, Entscheidungs- und sonstige Einwirkungsrechte durch die Kapitalnehmer, d.h. die Unternehmung, überlassen. Dieser Tausch von Kapital gegen Rechte vollzieht sich in einem vertraglichen Rahmen, der die einzelnen Rechte und Pflichten, also die Ansprüche der Vertragsparteien, explizit spezifiziert. Voraussetzung hierfür ist aber, daß die Ansprüche der Vertragsparteien einer Spezifikation zugänglich sind, da andernfalls die rechtliche Durchsetzung der Ansprüche entweder nicht möglich, d.h. nicht justitiabel, ist oder zumindest wesentlich erschwert wird.[138)]

Fehlt diese Spezifikationsvoraussetzung und besteht dennoch ein Anspruch, so liegen implizite Ansprüche vor.[139)] Diese zeichnen sich durch die folgenden Eigenschaften aus, die für die Finanzmarkttheorie wichtige Folgen beinhalten.[140)] Zum einen sind sie nicht hinreichend genug spezifizierbar bzw. diese Spezifizierung ist nur zu unangemessen hohen Kosten durchführbar. Von daher ist das Abstellen auf implizite Ansprüche als ein Mittel der Transaktionskostenersparnis aufzufassen. Der in Abschnitt 2.1 als Existenzbegründung für Unternehmungen vorgebrachte Transaktionskostenansatz spricht in diesem Zusammenhang von einem relationalen Vertragsverhältnis,[141)] das entsteht, wenn gerade bei langfristig komplexen Geschäfts- und Leistungsbeziehungen formal vertragliche bzw. institutionelle Regelungen durch implizite Vereinbarungen zunehmend ersetzt werden.

Eng mit dieser Eigenart verbunden ist das zweite Merkmal: Aufgrund der fehlenden Möglichkeit, implizite Ansprüche einer expliziten Vertragsgestaltung

---

138) Man denke etwa an die mit einer Bestechung einhergehenden impliziten Ansprüche in Gestalt einer bestimmten nicht einklagbaren Erwartungshaltung.

139) In ähnlicher Weise erfolgt eine Unterscheidung in implizite und explizite Verträge in Klein, Benjamin; Crawford, Robert G. und Alchian, Armen A. (1978), die implizite Verträge im Sinne eines Reputationsmechanismus als Schutz gegen opportunistisches Verhalten erörtern. Spremann, Klaus (1989) unterscheidet zwischen wie Kontingenzverträge wirkenden harten Kooperationsdesigns sowie weniger formalen und weniger eindeutigen weichen Designs, deren Anwendungsgrundlagen aufgrund erschwerter intersubjektiver Nachprüfbarkeit nicht immer durchsetzbar sind.

140) Vgl. Cornell, Bradford und Shapiro, Alan C. (1987), S. 6, die in impliziten Ansprüchen eine Art zusätzliche Kompensation des Investors für die Überlassung firmenspezifischen Kapitals sehen.

141) Der Begriff des relationalen Vertrags geht auf die Vertragstypologie von Macneil, Ian R. (1974) zurück.

zugänglich zu machen, können implizite Ansprüche nicht separat gehandelt werden, sondern nur zusammen mit den Gütern und Dienstleistungen, auf die sie sich beziehen. Beispielsweise ist das Versprechen einer Kfz-Reparaturwerkstatt, ausschließlich Originalersatzteile zu verwenden, nur in Verbindung mit den entsprechenden Autoteilen von Bedeutung. Ebenso bedarf die Ankündigung eines Chemiekonzerns, in Zukunft umweltbewußt zu produzieren, der hierfür nötigen Produktionsstätten. Schließlich ist die Zusicherung eines neuen Firmeninhabers an seine Belegschaft, dieser das gleiche Betriebsklima zu bieten wie unter dem vorigen Arbeitgeber, direkt an den Faktor Arbeit geknüpft.

Die Beispiele sollen aufzeigen, daß implizite Ansprüche oft in Form von Versprechen oder Zusicherungen abgegeben werden. Diese bergen allerdings die Gefahr in sich, daß sie nicht eingehalten werden, sofern derjenige, gegen den ein impliziter Anspruch besteht, sich hiervon einen Vorteil erhofft. Im Gegensatz zu den heute überwiegenden Ausprägungen der Agententheorie in Form des Moral Hazard oder der Adversen Selektion-Problematik ist bei Vorliegen impliziter Ansprüche die potentielle Opportunismusgefahr an keinen konkreten Entstehungszeitpunkt geknüpft. Dies liegt vor allem an dem in den Abschnitten 3.1.3 und 3.1.4 aufgeführten zeitlichen Wandel, dem die Personengruppen unterliegen. Das bedeutet aber auch, daß der Stakeholder Ansatz aufgrund seiner „Mittelstellung“ zwischen den „hidden characteristic“- und „hidden information“-Phänomenen – wie die folgende Abbildung 7 nahelegt – eher geeignet scheint, die Vielzahl betriebswirtschaftlicher Ansprüche an eine Unternehmung zu erfassen.

Abbildung 7: Arten unvollkommener Informationsstrukturen

Typ / Vergleichskriterium	Hidden characteristics	Hidden intention	Hidden information	Hidden action
Entstehungszeitpunkt	vor Vertragsabschluß	vor oder nach Vertragsabschluß	nach Vertragsabschluß, vor Entscheidung	nach Vertragsabschluß, nach Entscheidung
Entstehungsursache	ex ante verborgene Eigenschaften des Agenten	ex ante verborgene Absichten des Agenten	nicht beobachtbarer Informationsstand des Agenten	nicht beobachtbare Aktivitäten des Agenten
Problem	Eingehen der Vertragsbeziehung	Durchsetzung impliziter Ansprüche	Ergebnisbeurteilung	Verhaltens-, (Leistungs-)beurteilung
Resultierende Gefahr	Adverse selection	Holdup	Moral hazard Adverse selection	Moral hazard Shirking
Lösungsansätze	Signalling Screening Self selection	Signalling Reputation	Anreizsysteme Kontrollsysteme Self selection (Reputation)	Anreizsysteme Kontrollsysteme (Reputation)

Quelle: Breid, Volker (1995), S. 824.

Aufgrund des aus der fehlenden Separierbarkeit herrührenden Paketgutcharakters ergeben sich für die Finanzmarkttheorie zwei wichtige Schlußfolgerungen: Zum einen ist die sogenannte Werteadditivitätseigenschaft nicht gegeben, und zum anderen ist das den impliziten Ansprüchen innewohnende Risiko der Nichterfüllung nur schwerlich mittels Diversifikation zu verringern.[142)]

Werteadditivität bedeutet, daß der Gesamtwert mehrerer unsicherer Zahlungsströme von Vermögenspositionen gleich der Summe der Werte einer beliebigen Aufteilung der Einzelwerte entspricht.[143)] Fehlt dagegen die Werteadditivitätsei-

---

142) Zum letzten Punkt vgl. Cornell, Bradford und Shapiro, Alan C. (1987), S. 7.

143) Vgl. Haley, Charles W. und Schall, Lawrence D. (1973), S. 191. Eine ausführliche Erläuterung der Werteadditivität und ihrer Bedeutung erfolgt in Abschnitt 4.4.

genschaft, so ist im Falle impliziter Ansprüche das Ganze – also implizite Ansprüche inklusive der Güter, auf die sie sich beziehen – mehr oder weniger wert als die Summe seiner Teile.[144] Als Folge hieraus ergibt sich, daß Diversifikation eben keinen natürlichen Wert besitzt, da das Fehlen von Werteadditivität gleichbedeutend mit der Existenz von Externalitäten auf Finanzmärkten ist.

Das Vorhandensein impliziter Ansprüche bedeutet damit, daß Grundprinzipien der Finanzierungstheorie und die daraus abgeleiteten theoretischen Ergebnisse für die finanzwirtschaftliche Praxis nicht unbedingt gelten müssen. Es stellt sich daher die Frage, ob implizite Ansprüche seitens der Stakeholder von zu berücksichtigender empirischer Relevanz sind oder ob sie nur eine vernachlässigbare Bedeutung haben, da im letzteren Falle ein Einbezug der Stakeholder in die Finanzierungslehre und Finanzmarkttheorie ihrer Grundlage enthoben wäre. Bejaht man dagegen den ersteren Fall – und das soll im folgenden Abschnitt aufgezeigt werden –, so kann danach ein Ansatz aufgezeigt werden, wie implizite Ansprüche zu bewerten sind.

3.2.2 Die praktische Relevanz impliziter Ansprüche

Nachdem im vorangegangenen Abschnitt auf die theoretischen Auswirkungen der Berücksichtigung von Stakeholder Ansprüchen in Form von impliziten Ansprüchen hingewiesen wurde, soll im folgenden die praktische Bedeutung aufgezeigt werden. Dies geschieht anhand empirischer Studien aus Ländern unterschiedlicher (Unternehmens-)Kulturkreise, so daß zumindest für marktwirtschaftlich organisierte Wirtschaftssysteme von einer global orientierten Analyse ausgegangen werden darf. Im einzelnen betreffen die Studien die Situation in den USA, in der Schweiz und in Japan.

Eine Harvard-Studie[145] belegt, daß lediglich zwei Prozent aus einer Gesamtheit von 3453 Unternehmern der Meinung sind, daß die einzige Unternehmensaufgabe die Verfolgung von Eigentümerinteressen, d.h. insbesondere Gewinnmaximierung, ist. Hingegen betonen 61 Prozent die Bedeutung von Nicht-Eigentümeransprüchen.[146] Dabei verstärkt sich die Diskrepanz in diesen beiden Ergebnissen mit der Unternehmensgröße, d.h. steht beim einzelnen eigentümerge-

---

144) Additivität von Größen ist ein fundamentales Konzept, das beispielsweise im physikalischen Bereich nicht immer gilt. So ist die bei einer Kernspaltung freigesetzte Energie bei weitem größer als die Energiemengen, die die beteiligten Teilchen enthalten.

145) Vgl. Ewing, David (1971), S. 146-149.

146) Zu einem ähnlichen Ergebnis kommen Posner, Barry und Schmidt, Warren H. (1984), S. 202-216.

leiteten Unternehmen noch der Gewinnerzielungswille an erster Stelle, so rückt dieser bei den großen breitgestreuten Publikumsgesellschaften zwar nicht in den Hintergrund; er verliert aber durch die Konkurrenz zu anderen Interessen an Bedeutung. Bemerkenswert erscheint dabei, daß die mit der Unternehmensgröße einhergehende Fremdleitung durch ein Management gerade deren Zielsetzung und Interessen ein hohes Gewicht beimißt.[147)] Weiterhin fällt auf, daß die Bedeutung der Eigentümerinteressen gegenüber impliziten Ansprüchen von Stakeholdern deutlich abfällt.[148)]

Zum gleichen Ergebnis kommen Studien in der Schweiz.[149)] Zum einen läßt sich für eine bestimmte Branche, die Maschinenindustrie,[150)] ausmachen, daß die Eigenkapitalinteressen hinter den Interessenlagen von Management, dem Verwaltungsrat als Aufsichtsorgan sowie Kunden und Öffentlichkeit rangieren, wenn man analog zu den personenbezogenen Identifizierungskriterien auf die Machtausübung abstellt. Ebenso läßt sich die Bedeutung von Managementinteressen gegenüber anderen Interessengruppen für große Publikumsgesellschaften nachweisen.[151)]

Aufgrund der breiten Streuung der Eigentumsanteile gerade in Aktiengesellschaften weist der einzelne Investor als Kapitalanleger im Vergleich zu kleineren Unternehmensformen wie beispielsweise OHG oder KG eine hohe Kapitalmobilität auf.[152)] Hierdurch bedingt kann er durch Abzug und Neuanlage seines Kapitals relativ problemlos seine Interessen umsetzen, wobei diese nicht unbedingt nur auf Renditeerwartungen gerichtet sein müssen.[153)] Im Gegensatz dazu ist eine derartige Interessensausrichtung der Arbeitnehmer bei Kapitalgesellschaften

---

147) Dieses Ergebnis ist nach Posner, Barry und Schmidt, Warren H. (1984), S. 206 zunehmend signifikant vom Lower zum Top Management.

148) Vgl. Posner, Barry und Schmidt, Warren H. (1984), S. 206, die allerdings in Einklang zu der in Abschnitt 3.2.1 getroffenen Schlußfolgerung nur eine personenmäßige Abgrenzung von Stakeholderinteressen vornehmen.

149) Das in Böhi, Daniel (1993) dargelegte Beispiel eines Stakeholder Managements bei der Swissair nimmt eine Klassifizierung von Stakeholdern nach dem Kriterium der Einflußnahmemöglichkeit auf die Unternehmung vor und folgt damit ansatzweise den in Abschnitt 3.1.3 und 3.1.4 gemachten Ausführungen.

150) Vgl. hierzu die Studie von Nordmann, A. (1974).

151) Vgl. dagegen allerdings die subjektiv geprägte Aussage in Böhi, Daniel (1993), S. 25, nach der das Management der Swissair keinen bzw. wenig Einfluß auf das Erfolgspotential ausübt.

152) Vgl. hierzu die Ergebnisse von Ulrich, Peter (1977), S. 163 ff. und S. 177 Abbildung IV/2.

153) Die wachsende Anzahl von Ökologiefonds, die primär Umweltgesichtspunkte zum Ziel haben, sind Beleg hierfür. Ebenso sei die durch einen Umweltrat sich auszeichnende und sich an ökologischen Gesichtspunkten orientierende UmweltBank i.G. in Nürnberg genannt.

aufgrund ihrer geringeren Mobilität nur bedingt möglich, so daß die Aktionäre zwar de iure Eigentümer sind und von daher gemäß der Knight'schen Sichtweise[154] auch das unternehmerische Risiko zu tragen haben. De facto erfolgt aber eine – zumindest teilweise – Risikoübertragung auf die Arbeitnehmerschaft.[155] Hierin ist vielleicht eine Erklärung für die vergleichsweise geringe Bedeutungsbeimessung von Eigentümerinteressen zu suchen.

Anknüpfend an obige de facto Risikoübertragung auf den Faktor Arbeit kommt eine japanische Studie zu dem Ergebnis, daß die Arbeitnehmerinteressen tatsächlich einer stärkeren Berücksichtigung unterliegen als die Aktionärsinteressen.[156] Beispielsweise wurde das Ziel der Gewinnmaximierung sowohl bei den Zielen, die Berücksichtigung finden sollten, als auch bei den Zielen, die tatsächlich Berücksichtigung finden, nur von 3,6 Prozent der befragten Unternehmensleitungen genannt.

Das Merkmal der Unternehmensgröße tritt interessanterweise sowohl bei den US-amerikanischen als auch den allerdings nur auf eine Branche bezogenen schweizerischen Untersuchungen auf. Zunehmende Unternehmensgröße beinhaltet nämlich auch eine Zunahme der an das Unternehmen gestellten impliziten Ansprüche im absoluten Sinne, da davon ausgegangen werden darf, daß größere Unternehmen in einer in Bezug auf Personen und damit Ansprüche vielfältigeren Umwelt tätig sind als kleine Unternehmen. Dennoch hat die rein zahlenmäßige Betrachtungsweise für die empirische Relevanz insofern für den weiteren Fortgang der Arbeit nur eine geringe Bedeutung, da immer auf Personen- bzw. Anspruchs*gruppen* und deren Interessenlage abgestellt wird.

Sicher haben die dargelegten Studien eher den Charakter von Befragungen, als daß sie exakt quantifizierbare Ergebnisse aufgrund statistisch-ökonometrischer Testverfahren darstellen. Ebenso kann die Schwerpunktlegung der Studien auf die Personengruppe der Geschäftsleitung bzw. des Managements sowohl hinsichtlich der Befragten als auch der Ergebnisse nicht als umfassend repräsentativ gelten, so daß es nicht zu verwundern hat, wenn diese Personengruppe auch ihre Interessenlage als bedeutend neben anderen Ansprüchen einschätzt. Doch im Hinblick auf die Umsetzung von Unternehmensstrategien sowie deren – zumindest teilweisen – Gestaltung, die ja gerade durch das Management zu

---

154) Vgl. Abschnitt 2.3.1, Fußnote 81.

155) Vgl. Wächter, H. (1969), S. 94-95 sowie die nachfolgenden Ausführungen zu den Beobachtungen in Japan.

156) Vgl. Nihon Sangyo Shimbun vom 23. April und 5. Juli 1990; zitiert nach Milgrom, Paul und Roberts, John (1992), S. 41, wobei die Fragestellung an die tatsächliche und an die gewünschte Eigentümerschaft von Unternehmen anknüpft.

erfolgen haben, sind die Ergebnisse als bedeutend einzustufen, zeigen sie doch, daß in der unternehmerischen Realität eine an der Interessenvielfalt der Anspruchsgruppen ausgerichtete unternehmerische Zielsetzung vorherrscht gegenüber der reinen eigentümerorientierten Interessenlage der Gewinnmaximierung. Gestützt wird diese Erkenntnis durch die Tatsache, daß Stakeholderinteressen zunehmend als wichtige Größe für die strategische Frühaufklärung in der Unternehmung Berücksichtigung finden.[157] Daraus ist zu folgern, daß dies auch für einzelne betriebliche Teilbereiche zutreffen sollte, d.h. insbesondere für die Finanzwirtschaft der Unternehmung.

3.2.3 Wertedeterminanten impliziter Ansprüche

Die dargelegte Charakteristik impliziter Ansprüche im Hinblick auf ihre mangelnde Separierbarkeit von den ihnen zugrundeliegenden Objekten (Güter oder Dienstleistungen) bedeuten für die Bewertung impliziter Ansprüche, daß eine Einzelbewertung nicht möglich ist. Vielmehr ist die Gesamtheit impliziter Ansprüche unter Berücksichtigung des Wertes der Güter und Dienstleistungen, auf die sie sich beziehen, für eine Bewertung heranzuziehen. Diese Gesamtheit wird je nach positivem oder negativem Wertevorzeichen auch als organizational capital oder als organizational liability bezeichnet.[158] Die Vorstellung dabei ist, daß implizite Ansprüche gerade aufgrund ihres Verbundenseins mit Gütern oder Dienstleistungen (Basisobjekte) auch zusammen mit diesen gehandelt werden, wobei sich ein impliziter Anspruch nicht nur auf ein einzelnes Basisobjekt beziehen muß, sondern auch auf die Gesamtheit eines Basisobjekts. Beispielsweise ist der implizite Anspruch „Nachkaufmöglichkeit für ein Porzellanservice bis zum Jahre 2020“ nicht an das einzelne Porzellanteil geknüpft, sondern bezieht sich auf die Gesamtheit aller der zu dem entsprechenden Porzellanservice gehörenden Teile. Organizational capital und organizational liability sind dann die auf den Bewertungsstichtag bezogenen Erträge und Aufwendungen, die sich aus dem Vorhandensein impliziter Ansprüche ergeben.[159] Da diese Ansprüche auf die Zukunft bezogen sind, ist es zweckmäßig den Saldo beider Größen als Net-

---

157) Vgl. Liebl, Franz (1996).

158) Ein anderer Begriffsinhalt für organizational capital findet sich bei Prescott, Edward C. und Vischer, Michael (1980).

159) Vgl. hierzu Cornell, Bradford und Shapiro, Alan C. (1987), Abschnitt II.B., die organizational capital und organizational liability im Sinne eines erweiterten derivativen Firmenwerts auf die Unternehmung als Ganzes beziehen, indem sie die impliziten Ansprüche unter den beiden obigen Positionen auch im Rahmen einer erweiterten Bilanz anzusetzen versuchen.

togegenwartswert impliziter Ansprüche zu bezeichnen. Dabei ist jedoch zu beachten, daß zwischen organizational capital und organizational liability eine wechselseitige Abhängigkeit dahingehend besteht, daß der Preis, zu dem die Basisobjekte gehandelt werden, erwartungsabhängig vom jeweiligen Informationsstand der beteiligten Stakeholder ist. So hängt beispielsweise der Preis eines Computers auch davon ab, welche Erwartungen die Kunden bezüglich der Informationen des Herstellers über Nachfolgeprodukte, Kundenservice, geplante Produkteliminierungen[160)] und dergleichen hegen.

Als wichtigste Wertdeterminante sind jedoch die Stakeholder selbst aufzufassen, da sie die Träger der impliziten Ansprüche sind. Je nach der in Abschnitt 3.1.4 vorgenommenen Identifizierung von Stakeholdern sind implizite Ansprüche unterschiedlich zu bewerten und zwar in Abhängigkeit davon, ob und in welchem Maße das Vorhandensein von Macht und dem Willen, diese auszuüben, bei den einzelnen Stakeholdern anzutreffen ist. Daraus ergeben sich zwei Konsequenzen: Zum einen kann ein bestimmter impliziter Anspruch in unterschiedlichen Unternehmungen eine unterschiedliche Bewertung erfahren, da die Stakeholder des einen Unternehmens einen geringeren Machtausübungswillen besitzen, während im anderen Unternehmen dieser Wille – bei gleicher faktischer Macht – stark ausgeprägt ist. Zum anderen ist damit ein impliziter Anspruch nicht nur objektbezogen mit dem ihm zugrundeliegenden Gut verbunden, sondern auch personenmäßig mit den jeweiligen Stakeholdern, die in Austauschbeziehungen mit dem entsprechenden Basisobjekt über die Unternehmung stehen. Desweiteren ist die Stakeholder-Basisobjekt-Beziehung nicht Eins zu Eins, da sich sowohl unterschiedliche Stakeholdergruppen[161)] implizite Ansprüche an einem Basisobjekt erwerben können als auch umgekehrt sich die impliziten Ansprüche einer Stakeholdergruppe auf mehrere Basisobjekte beziehen können.

Weiterhin ist zu berücksichtigen, daß sowohl die impliziten Ansprüche als auch die Basisobjekte untereinander Spillovereffekte, also Externalitäten, aufweisen können. Letzteres ist beispielsweise der Fall, wenn zwei oder mehrere Produkte eines Unternehmens, die einander bedingen (Komplementärprodukte), wie beispielsweise Stereoanlage und Lautsprecher, mit unterschiedlichen impliziten Ansprüchen ausgestattet sind. Das Empfangsteil, um das Beispiel fortzuentwickeln, mag vielleicht mit einer Erklärung versehen sein, die eine Störung anderer Geräte ausschließt, wobei diese Erklärung zusätzlich noch an die Emp-

---

160) Vgl. das Beispiel in Cornell, Bradford und Shapiro, Alan C. (1987), S. 6 und 8 der Firma Apple, die die Ankündigung eines Zusatzgerätes zu ihrem Computerprogramm als impliziten Anspruch verkaufte.

161) Hier ist wieder die Gruppenunterscheidung nach Abschnitt 3.1.4 gemeint.

fehlung gekoppelt sein kann, nur bestimmte Lautsprecher zu verwenden. Da für diesen Hinweis jedoch keinerlei rechtliche Verpflichtung – es handelt sich vielmehr um eine Eventualverbindlichkeit – besteht, handelt es sich um einen impliziten Anspruch mit externer Wirkung. Aus diesem Beispiel ergeben sich weitere, den Wert von impliziten Ansprüchen beeinflussende Faktoren.[162)]

So ist die Inanspruchnahme der Unternehmung durch die Stakeholder für diese mit der Gefahr eines unternehmerischen opportunistischen Verhaltens verbunden; sei es, daß die Unternehmung ihren versprochenen Verpflichtungen oder Versprechungen überhaupt nicht nachkommt oder aber, daß sie implizite Ansprüche nicht bewertungsgleich zu der Interessenlage der sie einfordernden Stakeholder erfüllt, also nur teilweise ihren Verpflichtungen Folge leistet.[163)] Ein weiterer Grund für das Nicht-Zustandekommen einer ausgeglichenen Informationsverteilung – und das oben beschriebene Verhalten einer Unternehmung wird als Ausfluß von Informationsungleichheiten gewertet – besteht in den unterschiedlichen Anstrengungen, die die Stakeholder zur Informationsbeschaffung auf sich zu nehmen bereit sind. Die Anstrengungen hängen ab von der Machtsituation, der einzelne Stakeholder zuzurechnen sind, da davon ausgegangen werden darf, daß die Anreize zur Informationsbeschaffung und deren korrekter Auswertung umso verträglicher gesetzt sind, je ausgeprägter die Machtbasis und der Machtausübungswille ausgeprägt sind.

Nicht zuletzt übt auch die Umwelt einen Einfluß auf den Wert impliziter Ansprüche aus. Neben den in Abschnitt 2.2.2 aufgeführten, zur Umwelt gehörenden Bestandteilen sei hier vor allem noch der Aspekt der staatlichen Regulierung erläutert. Durch die Fortentwicklung des Rechtssystems, wie sie derzeit beispielsweise durch die Harmonisierung im Rahmen der Europäischen Union verstärkt zu verzeichnen ist, ergeben sich unterschiedliche Wertansätze für implizite Ansprüche. In dem Maße, in dem implizite Ansprüche stärker in die Nähe kodifizierten Rechts rücken, gewinnen sie an Wert, da im gleichen Maße die Machtbasis der betroffenen Stakeholder zunimmt. Im Extremfall werden aus impliziten sogar explizite, d.h. rechtlich einklagbare Ansprüche,[164)] vorausgesetzt es gelingt eine hinreichend große Spezifikation. Außerdem ist zu bedenken, daß auch zwi-

---

162) Vgl. Cornell, Bradford und Shapiro, Alan C. (1987), S. 9.

163) Vgl. dazu auch die in Abschnitt 3.2.1 gegebenen Beispiele und agententheoretische Einordnung bezüglich der Charakterisierung impliziter Ansprüche. Je nach Möglichkeit einer nachträglichen Verifizierung spricht man auch von Holdup oder Moral Hazard-Gefahr bei Verhaltensunsicherheit. Vgl. Spremann, Klaus (1991), S. 623. Im Falle des Holdup wäre das Nichterfüllen impliziter Ansprüche durch die Unternehmung als Abschöpfen zusammengesetzter Quasi-Renten zu bezeichnen.

164) Die fortschreitenden Verbraucherschutzbestimmungen mögen ein Beispiel hierfür sein.

schen expliziten und impliziten Ansprüchen Wechselwirkungen bestehen, die mittelbar über explizite Ansprüche Einflüsse auf implizite Ansprüche generieren.[165)]

Neben der Regulierung im rechtlichen Sinne beeinflußt aber auch die Regulierung im ökonomischen Sinne die Bewertung.[166)] Durch staatliche Maßnahmen geschützte Unternehmungen, wie sie vor allem im primären Sektor anzutreffen sind, werden dadurch gegen die Inanspruchnahme von Stakeholdern abgesichert, da nötigenfalls eine Verlagerung der Inanspruchnahme auf den Staat erfolgt. Der Staat ist damit zwar eine Art Rückversicherer für die Unternehmung; er ist gleichzeitig aber auch selbst ein Stakeholder – und zwar derjenige mit der höchsten Machtbasis – mit impliziten Ansprüchen.

Die Ausführungen zeigen, daß eine Vielzahl von wertbedingenden Einflußfaktoren auf die einzelnen impliziten Ansprüche einwirken. Diese Einflußfaktoren konkret zu erfassen und zu bewerten, um danach die unternehmensgerechten Entscheidungen in allen betrieblichen Teilbereichen treffen zu können, ist eine Aufgabe, die im Hinblick auf ihre Bedeutung auf höchster Unternehmensebene angesiedelt sein sollte. Das schließt nicht aus, daß nach entsprechenden Vorgaben durch die Unternehmensführung nicht auch nachgelagerte Unternehmensebenen sich aktiv um Stakeholderinteressen bemühen.

3.3 Zur Bedeutung des Stakeholder Ansatzes im Spannungsfeld zwischen betriebswirtschaftlicher Unternehmensführung und Finanzmarktmodellen

Die vornehmlich im deutschen Sprachraum vorgeherrscht habende Zweiteilung der Wirtschaftswissenschaften in einen betriebswirtschaftlichen und einen volkswirtschaftlichen Teil hinterließ oftmals den Eindruck, daß sich Betriebswirte und Volkswirte als einander fremd in dem Sinne ansahen, daß die jeweilige Forschung separat von den jeweils anderen Wissenschaftsdisziplinen ablief. Erst in jüngerer Zeit kann zunehmend die Tendenz festgestellt werden, daß ursprünglich volkswirtschaftliches Gedankengut – sei es in Form von Modellen oder Theorien – auf betriebswirtschaftliche Problemstellungen angewandt wird. Dies ist gerade im finanzwirtschaftlichen Bereich der Fall, wenn man sich die

---

165) Diese Wechselwirkungen bestehen beispielsweise hinsichtlich der Implementierung von Ansprüchen expliziter und impliziter Art. Vgl. hierzu Schmidt, Klaus M. und Schnitzer, Monika (1994), insbesondere Teil 4.

166) Vgl. Cornell, Bradford und Shapiro, Alan C. (1987), S. 9.

Vielzahl von Prinzipal-Agenten-Modellen oder die vertragstheoretische Ausgestaltung von Finanzierungskontrakten vor Augen führt. Umgekehrt ist dagegen die Entwicklung, daß betriebswirtschaftliche Ansätze Eingang in volkswirtschaftliche Modelle gefunden hätten, kaum anzutreffen.[167)] Zum einen mag das mit der immer noch nicht vollständig überwundenen obigen Separationstendenz zu erklären sein. Desweiteren ist auf internationaler Ebene eine Dominanz derjenigen Wissenschaftler zu verzeichnen, die „political", „national" oder „public economics" betreiben im Gegensatz zu denjenigen, die im Bereich „business" oder „managerial economics" arbeiten. Diese Dominanz der volkswirtschaftlichen Forschungsgemeinschaft innerhalb der Wirtschaftswissenschaften hat natürlich auch Auswirkungen auf die jeweils bevorzugte Forschungsrichtung. So war beispielsweise in den USA bis in die fünfziger Jahre hinein eine deutliche Trennung der Bereiche Finance und Economics zu verzeichnen.[168)] Gemäß dem in Abschnitt 1.1 vorgebrachten Komplementaritätsargument ist in dieser Arbeit aber der Weg von der Betriebswirtschaft zur Volkswirtschaft im Vordergrund anzusehen. Deshalb sei an dieser Stelle aufgezeigt, warum eine Übertragung des Stakeholder Ansatzes als betriebswirtschaftlicher Ausgangspunkt auf bestimmte volkswirtschaftliche Finanzmarktmodelle als methodisch sinnvoll erachtet wird.

Die Verschiedenartigkeit von Stakeholderinteressen, die Vielzahl von Stakeholdern und daraus resultierend die im letzten Abschnitt aufgezeigten unterschiedlichen Wertedeterminanten impliziter Ansprüche erlauben nach einem deskriptiven Theorieverständnis eher, die in Abschnitt 2.2.4 aufgeworfene Problematik einer Strukturgleichheit oder zumindest Annäherung von gedanklicher und realer Sphäre zu lösen als die sich größtenteils auf eindimensionalen Größen beschränkenden abstrakten Unternehmenstheorien der neoklassischen Mikroökonomik. Ebenso ist in normativer Hinsicht zu fragen, inwieweit unter der Prämisse des Einbezugs von Stakeholderinteressen bisher bestehende Unternehmensmodelle und die aus ihnen gewonnenen Aussagen und Resultate beibehalten werden können und inwieweit sie Stakeholder entsprechenden Modifikationen zu unterziehen sind. Anders als das auf Eindimensionalität und Homogenität bezüglich entscheidender Wirtschaftssubjekte und deren Zielsystem abstellende Paradigma neoklassischer Unternehmenstheorie beansprucht der Stakeholder Ansatz gerade die Unterschiedlichkeit von Wirtschaftssubjekten. Dieser Heterogenitätsgedanke findet zunehmend Beachtung auch in volkswirt-

---

167) Für den historischen Bezugspunkt dieser Aussage sei auf die Entstehung der Theorie der Unternehmung in Abschnitt 2.2.1 verwiesen.

168) Varian, Hal (1993), S. 162 erzählt die Begebenheit, daß Milton Friedman die Dissertation von Harry Markowitz mit der Begründung abwies, daß Portfolio Theorie nicht Teil der Wirtschaftswissenschaften sei.

schaftlichen Theorien.[169] Einhergehend mit der Berücksichtigung von Stakeholderinteressen ist ein zunehmender Realitätsbezug, wie die Ausführungen in Abschnitt 3.2.2 gezeigt haben, was für den Bereich der Sozial- und Wirtschaftswissenschaften von großer Bedeutung sein sollte. Doch auch in Bezug auf die anwendungsbezogene Theorie und vor allem den Bereich Finanzmärkte betreffend erscheint ein Stakeholdereinbezug sinnvoll – unabhängig von den sich einstellenden Ergebnissen –, da hierdurch aufgezeigt werden kann, inwieweit ein entsprechender Theorieausbau – bezogen auf den derzeitigen Forschungsstand – möglich ist und in welche Richtungen die bestehenden Theorien weitergeführt werden müssen. Damit soll – das ist zumindest die Hoffnung – erreicht werden, den Austausch zwischen Theorie und Praxis zu fördern.

[169] Beispielhaft sei die Arbeit von Hildenbrand, Werner (1994) erwähnt. Er untersucht in einem statistischen Ansatz Eigenschaften der Marktnachfrage. Im Gegensatz zur Standardmikroökonomie geht er dabei von der Heterogenität der Haushalte aus und zeigt auf, daß hierdurch dennoch unter empirisch beobachtbaren Regelmäßigkeiten (Dispersion und Spread) gewünschte Eigenschaften der Marktnachfrage wie das Axiom von Wald oder das Gesetz der Marktnachfrage abgeleitet werden können.

4. Zur Anwendung des Stakeholder Ansatzes auf die Finanzwirtschaft der Unternehmung

4.1 Die Verbindung zur Finanzmarkttheorie

Gegenstand der unternehmerischen Finanzwirtschaft ist der Handel mit bzw. der Einsatz von Finanztiteln zur unternehmerischen Zielerreichung. Finanztitel sind dabei Assets, die einen vertraglich festgelegten Zahlungsstrom, die Zahlungscharakteristik, zwischen Kapitalgeber und Kapitalnehmer aufweisen. Die Finanztitel unterscheiden sich neben ihrer ökonomischen Funktion, d.h. dem Finanzierungsanlaß bzw. der ihm zugrundeliegenden Investition, vor allem durch die vertraglich ausgestaltete Rechtsbeziehung zwischen Finanztitelkäufer – die zu finanzierende Unternehmung – und dem Finanztitelverkäufer – die Personengruppe der Finanziers oder Investoren. Neben den Regelungen über Zinsen, Dividenden, Tilgungen und sonstigen monetären Verpflichtungen sind hier insbesondere Kontroll-, Entscheidungs-, Informations-, Mitgestaltungs- bis hin zu Weisungsrechten zu nennen.[170)]

Die unternehmerische Zielerreichung kann sich dabei wieder an den Zielprämissen der Theorie der Unternehmung, des Harvard Policy Modells oder des Stakeholder Ansatzes orientieren. Eine gewinnmaximale Finanzierung[171)] ergibt sich demnach bei erlösmaximalem Finanztitelverkauf und kostenminimalem Finanztiteleinkauf. Ersteres verlangt kapitalwertmaximale Investitionen auf der Aktivseite bzw. Maximierung des Eigenkapitalwertes auf der Passivseite der Unternehmung, während der zweite Aspekt eine kapitalkostenminimale Finanzierung erfordert. Bei einem einheitlichen Finanztitelpreis, dem Zinssatz, der im ersten Fall den Kalkulationszinssatz und im zweiten Fall den Kapitalkostensatz darstellt, ergibt sich die bekannte Nullgewinnaussage der Theorie der Unternehmung bei unterstellter vollkommener Wettbewerbsumwelt.

Für das Harvard Policy Modell lassen sich die folgenden Aussagen gewinnen: Da die Zielsetzung der Gewinnmaximierung erhalten bleibt,[172)] gelten auch die

---

170) Vgl. Franke, Günter und Hax, Herbert (1994), S. 32 und 437 sowie Spremann, Klaus (1991), S. 94. Letzterer faßt den Begriff der Finanzierungstitel insofern enger, als daß er leichte Handelbarkeit entweder in Form von Verkauf oder durch Abtretung unterstellt.

171) Entsprechend der in Abschnitt 1.1. vorgenommenen Charakterisierung des Finanzierungsbegriffs in Bezug auf kapitalwirtschaftliche Problemstellungen werden im Rahmen dieser Arbeit Investitionsentscheidungen ebenfalls als Finanzierungsvorgänge, d.h. als Verkauf von Finanztiteln, behandelt.

172) Vgl. Abschnitt 2.3.2.

obigen zur Theorie der Unternehmung gemachten Aussagen. Hinzu kommt jedoch eine Finanzierung, die sich an dem Wertesystem der Unternehmung zu orientieren hat. Wie in Abschnitt 2.3.2 dargestellt, werden hierdurch Nicht-Gewinninteressen aufgrund einer treuhänderischen Verantwortung berücksichtigt. Der Einsatz von Finanztiteln hängt dann davon ab, welche inhaltliche Ausgestaltung das Wertesystem erfährt. Beispielsweise lassen sich Ökologie-Investmentfonds hierdurch erklären, wenn man den Finanziers dieser Fonds ein umweltorientiertes Wertesystem unterstellt. Der bewußte Einsatz von Finanztiteln in diesen Ökologie-Fonds, deren Emittenten und Erwerber gerade ökologische Zielsetzungen im Auge haben, zeigt die doppelte Zielsetzung im Harvard Policy Modell auf. Reine Non-Profit-Organisationen werden dagegen aufgrund ihres völlig fehlenden Gewinnerzielungsinteresses durch das Harvard Policy Modell nicht erfaßt.

Inwieweit sich eine optimale Finanztitelallokation, wie sie sich bei der Theorie der Unternehmung unter Idealbedingungen ergibt, realisieren läßt, hängt davon ab, inwieweit das Wertesystem mit seiner Zielsetzung Einfluß auf die Interessenlage der Eigenkapitalgeber ausübt. Letztlich wird es daher von der Gewichtung beider Zielkomponenten zueinander abhängen, welche Finanzierungsart sich einstellt und ob bzw. inwieweit sich eine Differenz zur kapitalwertmaximalen und kapitalkostenminimalen Finanzierung ergibt. Weiterhin ist allerdings zu beachten, daß sich unterschiedliche Finanzierungen bereits dadurch ergeben können, daß sich bei beiden Ansätzen die Unternehmenstätigkeiten unterscheiden werden: So läßt ein entsprechendes Wertesystem beispielsweise auch die Produktion von Gütern, die nicht die üblichen Gewinnerwartungen erreichen, zu, deren Produktion aber aufgrund des vorgegebenen Wertesystems und seiner Gewichtung verfolgt wird. Man denke hier an den Fall traditionsbedingter Markenprodukte, mit denen ein Firmenname verknüpft ist.[173)]

Die Idee eines finanzwirtschaftlich gestützten Wertmanagements der Unternehmung findet sich bereits im Harvard Policy Modell, ohne daß dieses über das reine Postulat hinaus konkrete Handlungsempfehlungen zu geben in der Lage wäre. Dies gelingt erst mit einem entsprechenden für die Finanzwirtschaft geeigneten Stakeholder Ansatz, der neben theoretischen Grundlagen auch die hierauf aufbauenden praktischen Ansätze zu erfassen imstande ist.

---

173) Die jahrelange Weiterproduktion des VW-Käfers zur Verlängerung des Produktionszyklus, trotz längst weiterentwickelter und kostengünstigerer Nachfolgemodelle im Kleinwagenbereich bei der Volkswagen AG sei hier als Beispiel aufgeführt. Ähnliches gilt für bestimmte Nahrungsmittel wie die Maggi-Würze oder das ursprüngliche Coca-Cola.

Aufgrund der Vielzahl möglicher Stakeholderinteressen erscheinen finanzwirtschaftliche Aussagen zunächst kaum möglich; zumal wenn man bedenkt, daß die Finanzierung einer Unternehmung zu einem bestimmten Zeitpunkt eine Einmaligkeit in dem Sinne darstellt, daß ein bestimmter Vermögens-, Haftungs- oder allgemein Bilanzstatus vorliegt. Dieser Zustand trifft auf eine Vielzahl unterschiedlicher Interessen, die er im Regelfall nicht alle optimal erfüllen wird können. Deshalb erfolgt hier ein Ansatz, der auf dem Konzept der personellen Vollständigkeit basiert.

4.2 Zur Vollständigkeit von Märkten

In einem umfassenden Sinn kann ein Markt als vollständig bezeichnet werden, sofern er alle Merkmale aufweist, die dem jeweils verwendeten Vollständigkeitskonzept zugrundeliegen. Von daher bezieht sich der Begriff der Vollständigkeit in dieser umfassenden Sinngebung immer auf die den Markt ausmachenden Bestandteile. Vollständigkeit kann sich deshalb auf die Marktakteure, d.h. die Wirtschaftssubjekte, deren Zielsetzungen und Verhaltensmuster sowie schließlich die institutionellen Rahmenbedingungen bezüglich Zeit, Information und technischem Wissen, d.h. der jeweiligen Umweltsituation, beziehen. Legt man die angeführte umfassende Vollständigkeit für alle einen Markt ausmachenden Bestandteile zugrunde, so bekäme man ein Erklärungsmodell, das hinsichtlich der in Abschnitt 2.2.4 geforderten Strukturgleichheit von gedanklicher und realer Sphäre nahezu vollkommen wäre. Allerdings wäre solch ein Modell aufgrund seiner Ebenbildigkeit zur Realität viel zu komplex und kompliziert. Einem Modell liegt ja gerade ein vorgeschalteter Abstraktionsprozeß dergestalt zugrunde, daß eben von gewissen für das Erklärungsziel als unwesentlich erachteten Tatbeständen entweder ganz abgesehen wird oder aber zumindest diese vereinfacht werden. In diesem umfassenden Sinne ist deshalb auch kein Modell als vollständig zu bezeichnen. Die Modellbildung und das mit ihr verbundene Loslösen von der ökonomischen Wirklichkeit ist gewissermaßen Ursache und gleichzeitig Folge der sich einstellenden Unvollständigkeit.

In Bezug auf die Finanzmarkttheorie ist das Konzept der Vollständigkeit von Märkten konkretisiert worden. In Anlehnung an die grundlegenden Arbeiten von Arrow[174)] und Debreu[175)] werden Märkte als vollständig bezeichnet, falls durch Kombination von Finanztiteln jeder beliebige Auszahlungszustand bzw. auf Fi-

---

174) Vgl. Arrow, Kenneth J. (1953).

175) Vgl. Debreu, Gerard (1959).

nanzmärkte bezogen jede beliebige Vermögensposition[176)] erreicht werden kann.[177)] Durch Konstruktion eines Portfolios mit den am Markt befindlichen Finanztiteln, die eine vorgegebene Auszahlungsstruktur aufweisen, läßt sich jede gewünschte Vermögensposition erreichen, sofern die Anzahl der Finanztitel derjenigen der Vermögenspositionen entspricht und die Finanztitel nicht in dem Sinne redundant sind, daß sich ihre Auszahlungen durch Linearkombination anderer Finanztitel erzielen ließen.[178)] Danach ergibt sich, daß sich Vollständigkeit in diesem Finanzmarktsinne auch wie folgt beschreiben läßt: Ein Finanzmarkt ist vollständig, falls ein zusätzlicher Finanztitel derivativ[179)] in dem Sinne ist, daß sich seine Zahlungscharakteristik aus den Zahlungscharakteristiken der bereits im Markt befindlichen Finanztiteln ableiten läßt.[180)] Insofern kann das Vollständigkeitskriterium auch dazu dienen, zu überprüfen, ob die im Rahmen zunehmender Finanzinnovationen ständig neu auf den Markt kommenden Finanztitel tatsächlich Neuerungen darstellen oder ob es sich bei ihnen nicht vielmehr um Kombinationen bereits bekannter Titel handelt. Mag letzterer Fall einer „Übervollständigkeit" in der Realität durchaus auftreten – das Gleichgewichtspreissystem wäre dann nicht eindeutig bestimmbar – so ist er doch nur als vorübergehender Zustand zu erwarten, da überflüssige Finanztitel sich nicht dauerhaft am Markt behaupten werden. Der für die Realität relevantere Fall ist jedoch derjenige, daß sich gerade nicht jede gewünschte Vermögensposition durch die am Markt befindlichen Wertpapiere aufbauen läßt und von daher am Markt ein Bedarf nach Vervollständigung besteht. Hierdurch lassen sich beispielsweise Effizienzsteigerungen erzielen.[181)] Die Vielzahl neuer Finanzierungsinstrumente im

---

176) Mit einer Position wird die Wahrscheinlichkeitsverteilung aller aus einer (Finanz-)Investition stammenden Rückflüsse bezeichnet. Eine Parte bildet einen bestimmten Anteil, den ein Finanzier an der Position hält.

177) Vgl. Loistl, Otto (1994), S. 316. Dabei beruht das Arrow-Debreu-Modell mit seiner Marktvollständigkeit auf einer wahrscheinlichkeitsfreien Theorie; vgl. Debreu, Gerard (1959), Kapitel 7.

178) Formal ergibt sich der Vektor der Vermögenspositionen $w=(w_1,...,w_s)^T$ aus der Matrix der Rückflüsse mit den Rückflüssen R_{sa} der einzelnen Finanztitel $a\in\{1,...,A\}$ in den einzelnen Umweltzuständen $s\in\{1,...,S\}$, die ein Portfolio $x=(x_1,...,x_A)^T$ bilden, wie folgt: $w = R_{sa}x$. Für Vollständigkeit ist der volle Rang der Auszahlungsmatrix R erforderlich. Vgl. Varian, Hal (1987), S. 56-57.

179) Vgl. Rubinstein, Mark (1987), S. 73, der darauf hinweist, daß es sich bei Derivaten um einen Spezialfall von bedingten Finanztiteln handelt. Derivate sind lediglich durch die Auszahlungsstruktur anderer Finanztitel bedingt, während sich die bedingenden Merkmale anderer bedingter Finanztitel (contingent claims) auch durch sonstige Größen ergeben können, wie beispielsweise Indizes.

180) Vgl. Spremann, Klaus (1991), S. 496.

181) Vgl. Ross, Stephen A. (1976) für den Fall von Optionen.

Hinblick auf Laufzeit, Risikoabsicherung, Ertragsgarantien und andere Merkmale belegt das.[182)]

Weiterhin lassen sich finanzmarkttheoretische Vollständigkeitskonzepte danach unterscheiden, ob sie sich strukturell auf die zur vollständigen Erfassung aller eintretenden Umweltzustände benötigte Wertpapieranzahl beziehen[183)] oder auf bestimmte Eigenschaften wie Existenz und Effizienz der sich einstellenden Gleichgewichtsallokation abzielen.[184)]

Den bisher betrachteten Vollständigkeitsansätzen der Finanzmarkttheorie ist gemein, daß das Merkmal, auf daß sich die Vollständigkeit bezieht, die Anzahl oder Struktur der behandelten Finanztitel ist, mit denen bestimmte Vermögenspositionen der Wirtschaftssubjekte erreicht werden sollen. Das Vollständigkeitsmerkmal ist somit direkt marktimmanent. Die Wirtschaftssubjekte selbst werden allerdings im Hinblick auf ihre Interessenlage nicht weiter spezifiziert.[185)] Ein eher indirekt marktimmanentes Vollständigkeitsmerkmal bezieht sich auf die Personen bzw. Wirtschaftssubjekte und ist deswegen als Basis des im Rahmen dieser Arbeit vorgelegten Vollständigkeitskonzepts einer personellen Ebene besser geeignet. Danach ist eine Ökonomie als vollständig zu bezeichnen, sofern alle Personen in ihr Berücksichtigung finden, indem ihre Interessen unabhängig davon erfaßt werden, ob diese auf einer vertraglich-rechtlichen Grundlage beruhen oder sich lediglich in Form von impliziten Ansprüchen, wie sie in Abschnitt 3.2.1 eingeführt wurden, äußern. Somit ist in diesem Sinne auch solange von einer (personellen) Unvollständigkeit zu sprechen, wie die Stakehol-

---

182) Gleichwohl wird in der Realität ein Finanzmarkt niemals eine Vollständigkeit im Sinne der Finanzmarkttheorie erreichen. Alleine schon die Vielzahl möglicher Vermögenspositionen, die Unvorhersehbarkeit zukünftiger Ereignisse, die mit der Einführung und dem Handel einer Vielzahl von Finanztiteln verbundenen Transaktionskosten sowie diverse Formen von Marktunvollkommenheiten sprechen dagegen. Für weitere Ursachen unvollständiger Märkte vgl. Laffont, Jean-Jacques (1989), S. 55-56. Einen Überblick über die Wechselbeziehungen zwischen technischen und finanziellen Innovationen gibt Geoffron, Patrice (1992), S. 843-872.

183) Loistl, Otto (1994), S. 318 gibt einen Überblick über verschiedene Kapitalmarktmodelle, wie sie sich nach der Wertpapieranzahl, der Anzahl möglicher Umweltzustände und den daraus resultierenden Umschichtungen unterscheiden.

184) Für die Beziehungen zwischen den mehr praktisch relevanten ersteren und den mehr theoretisch relevanten letzteren Vollständigkeitskonzepten vgl. Wiesmeth, Hans (1990), S. 1247-1265.

185) Eine Beschreibung der Teilnehmer auf den Finanzmärkten erfolgt in den Modellen zumeist danach, welche Erwartungshaltung die Wirtschaftssubjekte über die eintreffenden Umweltzustände aufweisen, wie ihre Informationsstruktur und Risikobereitschaft ist und welche Handlungsmöglichkeiten sie auf den ihnen zugänglichen Märkten besitzen.

der keine Berücksichtigung in Modellen oder Theorien der Finanzierung gefunden haben.

Es wird sich zeigen, daß implizite Ansprüche und damit Stakeholder fundamentale Prinzipien der Ökonomie, das Kriterium der Effizienz und das der Vollständigkeit, beeinflussen. Im Gegensatz zur neoklassisch geprägten Finanzierungslehre führt dabei eine Vervollständigung eines Marktmerkmals eben nicht zur Pareto Effizienz. Der Grund hierfür ist, daß die Vervollständigung nicht auf der Ebene der Anzahl gehandelter Finanztitel ansetzt, sondern auf der personellen Ebene.

Um neben den aufzuzeigenden Auswirkungen einer solchen personellen Unvollständigkeit auf die tragenden Prinzipien der Finanzmarkttheorie – dies geschieht in den folgenden Abschnitten – auch eine Vervollständigung ausgewählter Modelle zu erreichen, müssen diese durch die die Stakeholder charakterisierenden impliziten Ansprüche bzw. die sie ausmachenden Merkmale ergänzt werden.

4.3 Ein theoretisches Unmöglichkeitsresultat

Die im vorigen Abschnitt aufgezeigte Unvollständigkeit wäre für finanzwirtschaftliche Entscheidungen ohne Bedeutung, wenn sie zu effizienten Ergebnissen führen würde, bzw. die neoklassischen Aussagen der Finanzierungslehre weiterhin ihre Gültigkeit behielten. Jedoch wird in diesem und dem folgenden Abschnitt gezeigt, daß sowohl hinsichtlich der Effizienz als daraus folgend hinsichtlich der Werteadditivität der Einfluß von Stakeholdern von Bedeutung ist.

Dieser Abschnitt dient deshalb der Beantwortung der Frage, ob sich überhaupt unter theoretischen Idealbedingungen hinsichtlich der Stakeholderinteressen ein bestimmtes, als sinnvoll erachteten Bedingungen genügendes Ergebnis einstellen kann. Analytisches Instrumentarium hierfür ist die Theorie der kollektiven Entscheidungen, da die unterschiedlichen Stakeholdergruppen als kollektive Bewertungs- und Entscheidungsträger aufzufassen sind. Die modellhafte Einbettung ist ein Ergebnis von Sen über die Folgen einer bestimmten Machtkonstellation von Entscheidungsträgern.[186)]

Es sei angenommen, daß es nur zwei verschiedene Stakeholdergruppen i und j gebe, die gemäß den Ausführungen in Abschnitt 3.1.4 ihre Interessen durchzu-

---

[186)] Vgl. Sen, Amartya K. (1970), S. 152-157.

setzen in der Lage sind.[187] Diese Interessen seien als Alternativen über implizite Ansprüche a, b, c aufgefaßt, die sich in Form des folgenden Präferenzprofils[188] darstellen lassen sollen, wobei keinerlei Einschränkung der zugrundeliegenden individuellen Präferenzen erfolgt.

I: $a \succ_i b \succ_i c$ und

II: $c \succ_j a \succ_j b$

Bis auf die Alternative c haben beide Stakeholdergruppen damit gleichgerichtete Interessenlagen. Um das Charakteristikum der Macht zu erfassen, sei angenommen, daß die jeweiligen Stakeholder ihre Ansprüche folgendermaßen durchsetzen: Jede Gruppe kann über je zwei Alternativen in dem Sinne entscheiden, daß ihre Wahl auch für die Gesamtheit aller Stakeholdergruppen bindend ist. So sei der Gruppe i die Macht gegeben, zwischen b und c zu entscheiden, und für Gruppe j sei dieses Recht für die Alternativen a und c gegeben. Diese auch als Minimalliberalismus bezeichnete Entscheidungsmacht führt zusammen mit dem schwachen Paretokriterium, nach dem eine von allen Gruppen bevorzugte Alternative auch zur Wahl kommen sollte, zu folgender Intransitivität.[189] Nach der Interessenlage der Gruppe i wird die Alternative b vor der Alternative c durchgeführt. Alternative c wiederum wird aufgrund der Entscheidungsmacht von Gruppe j vor Alternative a durchgeführt. Diese Alternative a aber wird von beiden Stakeholdergruppen gegenüber der Alternative b bevorzugt, so daß sich die behauptete Intransitivität ergibt.[190]

Als Ergebnis bleibt also die Unvereinbarkeit der folgenden Anforderungen festzuhalten:

---

187) Das sich einstellende Ergebnis gilt auch für den Fall von mehr als zwei Interessengruppen.

188) Ein Präferenzprofil ist die Gesamtheit der individuellen Präferenzordnungen einer Gruppe bezüglich der zur Wahl stehenden Alternativen.

189) Bei Sen, Amartya K. (1970) wird auf die Unvereinbarkeit mit der Azyklitätseigenschaft einer gesellschaftlichen Präferenzordnung abgestellt. Da diese aber eine schwächere Eigenschaft als die der Transitivität darstellt, folgt aus der Negierung, daß bei fehlender Azyklität die Transitivitätseigenschaft ebenfalls nicht erfüllt ist.

190) Für eine formale Beweisführung im Rahmen der Theorie der kollektiven Entscheidung sei auf die Darstellung in Bossert, Walter und Stehling, Frank (1990) Kapitel 7, insbesondere S. 223-224 und in Kelly, Jerry S. (1988) Kapitel 8, insbesondere S. 89-90 sowie auf den Anhang zu Abschnitt 4.3 verwiesen.

Die Interessen der einzelnen Stakeholdergruppen – dargestellt durch deren vollständige und reflexive Präferenzordnungen – unterliegen keinerlei Beschränkungen. Damit wird gerade die Vielzahl und Unterschiedlichkeit impliziter Ansprüche erfaßt.

Die Machtkonstellation besteht in der Entscheidungsgewalt einer Stakeholdergruppe über mindestens zwei Alternativen, die diese Gruppe betreffen. Dadurch wird ebenfalls die Personenbezogenheit impliziter Ansprüche zu den jeweiligen Stakeholdern berücksichtigt.

Es gelten Effizienz- und Konsistenzbedingungen im Sinne des schwachen Paretokriteriums sowie der Transitivitätseigenschaft. Hierdurch wird gewährleistet, daß trotz aller möglichen Verschiedenartigkeit von Stakeholderinteressen diese nicht zu einer als ineffizient oder irrational zu bezeichnenden Entscheidung führen.

Schließlich zeigt der Konflikt zwischen schwachem Paretoprinzip und Minimalliberalismus auf, daß die dem Paretoprinzip im allokationstheoretischen Sinne innewohnende Freiheit nur scheinbar besteht, da dieses Freiheitsprinzip gerade nicht auf Partikularinteressen,[191)] sondern auf die Gesamtheit aller Entscheidungsträger abzielt. Somit ist die eingangs gestellte Frage nach der Existenz eines Stakeholderinteressen genügenden Ergebnisses mit „nein" zu beantworten.

[191)] Hierfür wäre aus allokationstheoretischer Sicht das Kernkonzept heranzuziehen. Bossert, Walter und Stehling, Frank (1990) Kapitel 6 schlagen als Ausweg – nicht nur aus dem Liberalitätsparadoxon – optimale Kompromisse vor und zeigen, daß unter bestimmten Bedingungen die Borda-Wahlregel aufgrund des ihr innewohnen kardinalen Nutzenkonzepts einen optimalen Kompromiß aus individuellen Präferenzordnungen liefert. Allerdings wird dieser Vorteil durch den ebenfalls aus dem kardinalen Nutzenkonzept herrührenden Nachteil einer hohen Manipulationsanfälligkeit der Borda-Wahlregel erkauft.

Anhang: Formale Beweisführung zum Unmöglichkeitsresultat

Die Minimalismusforderung lautet: Es existieren Entscheidungsträger (Stakeholder) $i,j \in \{1,...,n\}$ und Alternativen (implizite Ansprüche) a, b, c, d aus einer Alternativenmenge A mit $a \neq b$ und $c \neq d$, und es gelten die Implikationen $a \succ_i b \Rightarrow a \succ b$ bzw. $b \succ_i a \Rightarrow b \succ a$ sowie $c \succ_j d \Rightarrow c \succ d$ bzw. $d \succ_j c \Rightarrow d \succ c$ für alle individuellen Präferenzordnungen $\succ_i$, $\succ_j$, wobei $\succ$ die gesellschaftliche Präferenzordnung bezeichnet. An $\succ_i$ und $\succ_j$ werde keinerlei Einschränkung bezüglich des Definitionsbereichs gestellt, außer daß sie vollständig und reflexiv seien.

Je nach Gleichheit oder Verschiedenheit der Alternativen lassen sich die folgenden drei Fälle unterscheiden.

1. Die Alternativenmenge {a,b} und {c,d} sind bezüglich beider Elemente identisch, so daß ohne Beschränkung der Allgemeingültigkeit a=c und b=d gesetzt werden kann. Unter Anwendung der Minimalismusforderung und ohne Einschränkung der individuellen Präferenzordnungen ergibt sich $a \succ_i b \Rightarrow a \succ b$ und $b \succ_j a \Rightarrow b \succ a$, was einen Widerspruch darstellt.

2. Die Alternativenmenge {a,b} und {c,d} sind bezüglich eines Elements identisch, so daß ohne Beschränkung der Allgemeingültigkeit a=c gesetzt werden kann. Für die individuellen Präferenzen kann wegen fehlender Beschränkungsvorgabe $a \succ_i b$, $d \succ_j a$ sowie $b \succ_k d$ $\forall\ k \neq i,j$ gesetzt werden. Unter Anwendung der Minimalliberalismusforderung ergibt sich dann $a \succ b$ und $d \succ a$. Wegen $b \succ_k d$ ergibt sich dann mit dem schwachen Paretokriterium die folgende Verletzung der Transitivität bzw. Azyklität: $d \succ a \succ b \succ d$

3. Die Alternativenmengen {a,b} und {c,d} sind bezüglich aller Elemente verschieden. Für die individuellen Präferenzen kann wegen fehlender Beschränkungsvorgabe $a \succ_i b$ und $c \succ_j d$ sowie $d \succ_k a$ und $b \succ_k c$ $\forall\ k \neq i,j$ gesetzt werden. Unter Anwendung der Minimalismusforderung ergibt sich dann $a \succ b$ und $c \succ d$. Wegen $d \succ_k a$ und $b \succ_k c$ ergibt sich dann mit dem schwachen Paretokriterium die folgende Verletzung der Transitivität bzw. Azyklität: $a \succ b \succ c \succ d \succ a$

Da diese drei Fälle alle möglichen Alternativenkonstellationen abdecken, ist damit die Unvereinbarkeit von Minimalliberalismus, schwachem Paretoprinzip und Unbeschränktheit der Präferenzordnungen bewiesen.

4.4 Einfluß von Stakeholder Ansprüchen auf Fundamentalprinzipien der Finanzierungstheorie

Bei der Charakterisierung impliziter Ansprüche in Abschnitt 3.2.1 wurde aufgezeigt, daß implizite Ansprüche nicht die sogenannte Werteadditivitätseigenschaft aufweisen, da implizite Ansprüche nicht unabhängig von den ihnen zugrundeliegenden Gütern bewertbar sind.[192] Die Eigenschaft der Werteadditivität ist von zentraler Bedeutung für die Finanzierungslehre, da sich aus ihr sowohl theoretisch für die Bewertung von Finanztiteln als auch praktisch für Investitions- und Finanzierungsentscheidungen wichtige Folgen ergeben. Ebenso gilt im Umkehrschluß, daß bei verletzter Werteadditivität diese Folgen nicht mehr zu gelten brauchen.

Werteadditivität zweier Finanztitel F_i und F_j bedeutet, daß der sich aus ihrer Zahlungscharakteristik ergebende Wert V der folgenden Bedingung genügt:

$$V(F_i) + V(F_j) = V(F_i + F_j),\ i \neq j$$ [193]

Allgemein gilt für beliebig viele Finanztitel i = 1,...,I:

$$\sum_{i=1}^{I} V(F_i) = V\left(\sum_{i=1}^{I} F_i\right)$$

Der Gesamtwert mehrerer unsicherer Zahlungsströme von Finanztiteln oder allgemein Vermögenspositionen entspricht damit den aufsummierten Werten der einzelnen Vermögenspositionen. Diese Gleichheit gilt unabhängig von der Aufteilung der Gesamtvermögensposition in einzelne Finanztitel.[194] Mit anderen

---

192) Vgl. Cornell, Bradford und Shapiro, Alan C. (1987), S. 6.

193) Interpretiert man $V(F_i)$ und $V(F_j)$ als die jeweiligen Rückflüsse aus dem Eigen- und Fremdkapital von Unternehmen, so erhält man die Grundlage für die Irrelevanz der Finanzierung für den Marktwert von Unternehmen auf vollkommenen Kapitalmärkten. Danach stellt die Irrelevanzthese von Modigliani, Franco und Miller, Merton H. (1958) nur einen Spezialfall der Werteadditivität dar bzw. der ihr zugrundeliegenden Arbitragefreiheitsbedingung. Für eine formale Beweisführung des Zusammenhangs zwischen der Werteadditivität und dem Modigliani-Miller Theorem vgl. Mossin, Jan (1973), S. 84-89, sowie den Anhang zu Abschnitt 4.4.

194) So erfolgt der Beweis der Werteadditivität durch Haley, Charles W. und Schall, Lawrence D. (1973), S. 190-191 und Anhang 9B dadurch, daß sie zeigen, wie bei einer Änderung der additiven Aufteilung der Zahlungsströme von Finanztiteln die Inhaber dieser Finanztitel arbitragewirksame Transaktionen durchführen können. Zur formalen Beweisführung siehe den Anhang zu Abschnitt 4.4.

Worten: Der Wert einer Position ist unabhängig von ihrer Zerlegung in einzelne Parten. Ebenso ist obige Eigenschaft unabhängig von der Korrelation der beteiligten Finanztitel und damit unabhängig von Risikomischungseffekten.[195)]

Andererseits ist bei Vorliegen von Werteadditivität ein Eintreten von Synergieeffekten nicht möglich. Betrachtet seien zur Veranschaulichung zwei zu fusionierende Unternehmen i und j, deren Zahlungscharakteristika sich wie folgt darstellen lassen:

$$F_i=(-10;-5;0;3;7;12) \text{ und } F_j=(12;7;2;-1;-5;-10)$$

F_i und F_j lassen sich beispielsweise interpretieren als die Rückflüsse aus der Unternehmenstätigkeit der nächsten sechs Jahre, gemessen jeweils in Gegenwartswerten. Die aggregierte Zahlungscharakteristik nach der Unternehmensfusion lautet dann:

$$F_i+F_j=(2;2;2;2;2;2) = F_{i+j}$$

Obwohl das bestehende Risiko in Form der volatilen Rückflüsse der Einzelunternehmen durch die Fusion wegdiversifiziert wurde, darf bei bestehender Werteadditivitätseigenschaft kein positiver oder negativer Synergieeffekt zu verzeichnen sein. Diversifikation hat bei Vorliegen der Werteadditivität und riskanter Finanztitel somit einen natürlichen Wert.[196)]

Die wichtigste Erkenntnis im Zusammenhang mit der Eigenschaft der Werteadditivität ist, daß sie bei monotonen Präferenzen eine unmittelbare Folge der Arbitragefreiheit ist.[197)] Arbitrage bedeutet, daß es in mindestens einem Umweltzustand eine Anlagemöglichkeit gibt, die ohne Nettoeinsatz von finanziellen Mitteln zu positiven Rückflüssen führt.[198)] Bei Arbitragefreiheit sind diese soge-

---

195) Vgl. Franke, Günter und Hax, Herbert (1994), S. 328.

196) Vgl. Varian, Hal (1987), S. 61.

197) Vgl. Varian, Hal (1987), S. 61.

198) Vgl. Dybvig, Philip und Ross, Stephen A. (1987), S. 100 sowie Ross, Stephen A. (1978), Abschnitt II. In einem fundamentaleren Sinne beruhen die Arbitragefreiheitsbedingung und die Werteadditivität sowie die sich aus ihnen ergebenden marktorientierten und präferenzfreien Bewertungsmodelle für zustandsabhängige Auszahlungen (State-Preference-Ansatz) – wie beispielsweise das CAPM – auf dem Gesetz des Einheitspreises (Law of Indifference nach Jevons), nach dem homogene Güter auf vollkommenen und vollständigen Märkten denselben Preis aufweisen müssen.

nannten „Free Lunches" dann nicht mehr möglich. Bezogen auf das oben angeführte Beispiel einer Unternehmensfusion würden Synergieeffekte risikofreie Arbitragewinne darstellen, die es aufgrund der die Werteadditivität voraussetzenden Arbitragefreiheit nicht geben kann. Die für das Vorhandensein von impliziten Ansprüchen geltende Schlußfolgerung lautet also: Keine Werteadditivität ⇒ Keine Arbitragefreiheit.[199)] Dieses Ergebnis ist insofern bedeutsam, als daß bei fehlender Werteadditivität im Hinblick auf die Bewertung von Finanztiteln die Summe der Preise von Finanztiteln nicht mehr unbedingt dem Preis des diese Finanztitel ausmachenden Portfolios entspricht. Diese Nicht-Linearität der Preisfunktion ergibt sich aus dem in Abschnitt 3.2.3 dargelegten personen- wie güterbezogenen Externalitätencharakter impliziter Ansprüche.

Für die Finanzierungs- und Investitionsentscheidungen von Unternehmen lassen sich durch die mit der Existenz von Stakeholderinteressen verbundene Nicht-Werteadditivität weitere Aussagen gewinnen.

Eine vereinfachende Aufteilung eines aus mehreren Einzelprojekten bestehenden Investitionsprogramms in mehrere Teilprojekte, die dann jeweils einer gesonderten Investitionsbewertung zur Prüfung der Vorteilhaftigkeit des Investitionsprogramms unterliegen, ist nicht mehr möglich. Vielmehr müssen die den einzelnen Teilprojekten innewohnenden Interdependenzen, wie sie in Form impliziter Ansprüche bestehen, mitberücksichtigt werden. Aus dem gleichen Grund ist auch die Finanzierungsweise nicht mehr unabhängig für den Marktwert von Unternehmen.[200)] Sowohl die Aktivseite „Investitionen" als auch die Passivseite „Finanzierungen" der Unternehmensbilanzen – jeweils in Marktwerten ausgedrückt – sind damit für sich getrennt betrachtet nicht mehr in einzelne Positionen aufteilbar. Doch es besteht eine weitere Separationsunmöglichkeit, nämlich daß Investitions- und Finanzierungsentscheidungen auch untereinander nicht mehr

---

199) Danach muß auch das die Existenz positiver Zustandspreise – Statepreise messen den Wert einer Geldeinheit bei Eintreten des Zustandes, auf den sie sich beziehen; vgl. Varian, Hal R. (1987), S. 60 – postulierende Fundamentaltheorem der Finanztitelbepreisung nicht mehr gelten, da dieses auf den Annahmen monotoner Präferenzen und der Arbitragefreiheit beruht. Die Existenz eines nicht-negativen Preissystems bei Arbitragefreiheit entspricht dem Dominanztheorem. Danach besitzt ein aus mehreren Finanztiteln bestehendes Portfolio, das mit Sicherheit keinerlei finanziellen Mitteleinsatzes bedarf und dennoch mit positiver Wahrscheinlichkeit zu positiven Rückflüssen führt, einen positiven Preis. Vgl. dazu und zur Eindeutigkeit des Preissystems in Abhängigkeit der in Abschnitt 4.2 Fußnote 178 aufgezeigten Vollständigkeitskonstellationen Kruschwitz, Lutz (1995), S. 166 und Abschnitt 4.4.2.

200) Das Modigliani-Miller-Theorem der Finanzierungsirrelevanz ergibt sich wie gezeigt aus der Werteadditivität. Vgl. Kruschwitz, Lutz (1995), S. 249.

trennbar sind.[201] Der sich auf der Aktivseite ergebende Wert einer Investition ist nicht mehr unabhängig von den auf der Passivseite der Bilanz gegen ihr ausgewiesenen bestehenden Ansprüchen.[202] Vielmehr bestehen auch hier Interdependenzen, da ein Stakeholder sowohl einen Anspruch auf eine Position der Passivseite wie der Aktivseite haben kann.

Diese aus der fehlenden Werteadditivität herrührenden Separationsunmöglichkeiten haben desweiteren Auswirkungen auf die betriebliche Unternehmensführung und Organisationsgestaltung. Mit zunehmender Unternehmensgröße und i.d.R. damit einhergehender komplexer werdender Geschäftstätigkeit ist eine Trennung auf oberster Unternehmensebene in finanzwirtschaftliche und realwirtschaftliche Aufgaben- und Verantwortungsfelder zu verzeichnen. Beispielsweise sind die zentralen Geschäftsfelder im Bayer-Konzern – das sind jene, denen zusätzlich zu ihrer eigentlichen Aufgabe die Konzernkoordinierung obliegt – zum einen der Bereich „Investition und Technik“ und zum anderen der Bereich „Finanzen“.[203] Während die anderen Bereiche, wie zum Beispiel Marketing, Logistik oder Personal, weitgehend separat ihre Entscheidungen treffen, d.h. ohne die Konzernkoordinierung näher berücksichtigend, ist das bei den oben angeführten zentralen Geschäftsfeldern nur insoweit der Fall, als daß die für die Konzernkoordinierung relevanten Interdependenzen mitberücksichtigt werden. Wie die empirische Relevanz von Stakeholder Ansprüchen in Abschnitt 3.2.2 und die in diesem Abschnitt erörterte verletzte Werteadditivitätseigenschaft gezeigt haben, sind zu einem nicht zu vernachlässigenden Teil für diese beispielhaft aufgeführte Organisationsstruktur auch implizite Ansprüche verantwortlich zu machen. Dies gilt insbesondere bei zunehmender Unternehmensgröße.

Als zentrale Erkenntnis der bisherigen Überlegungen bleibt somit festzuhalten: Die fundamentalen Ergebnisse der neoklassischen Finanzierungstheorie beruhen auf einer Zweiteilung vertraglich geregelter Zahlungsansprüche von Eigenkapitalgebern einerseits und Fremdkapitalgebern andererseits. Insofern liegt eine Unvollständigkeit auf der personellen Ebene vor, als daß die impliziten An-

---

201) Franke, Günter und Hax, Herbert (1994), S. 336 sprechen bei Vorliegen von Entscheidungsseparation von einem verallgemeinerten Theorem der Irrelevanz der Finanzierung. Dies gilt bei Vorliegen eines vollkommenen Kapitalmarkts, dessen Merkmale Fisher, Irving (1930), S. 494 ff. herausgearbeitet hat, weswegen man auch von der Fisher-Separation spricht. Vgl. zu den Merkmalen des vollkommenen Kapitalmarkts auch den Anhang zu Abschnitt 4.4.

202) Breawley, Richard A. und Myers, Stewart C. (1996), S. 450-451 sprechen deshalb bei Vorliegen der Finanzierungsirrelevanz von einem Gesetz der Wertebewahrung (Law of the Conservation of Value).

203) Vgl. Bayer-AG (Hrsg.) (1995), S. 80.

sprüche von Stakeholdern nicht erfaßt werden. Aufgrund fehlender Einzelbewertbarkeit und Separierbarkeit impliziter Ansprüche ergibt sich, daß die Eigenschaft der Werteadditivität nicht zu gelten braucht. Da sich aus dieser wiederum die oben angesprochenen fundamentalen Finanzierungsergebnisse ergeben, folgt schließlich: Der Einbezug von Stakeholder Ansprüchen in die Finanzierungslehre ist im Hinblick auf die sich ergebenden Folgen nicht nur von theoretischem sondern auch unmittelbar praktisch-unternehmerischem Interesse.

Allokationstheoretisch stellt die Verletzung der Werteadditivitätseigenschaft eine Externalität dar, da implizite Ansprüche im Preissystem nicht erfaßt werden.[204] Deshalb soll abschließend in diesem Abschnitt der Frage nachgegangen werden, inwieweit eine effizienzbezogene Internalisierung der Externalität möglich ist. Aus theoretischer Sicht kommen hierfür das Coase-Theorem, Implementierungsmechanismen und die Pigou-Steuer in Frage.

Nach dem Coase-Theorem[205] ist bei einem vollständigen Marktsystem in Bezug auf die Zuordnung der Eigentumsrechte unter der Annahme verschwindender Transaktionskosten die Zuordnung von Eigentumsrechten allokationsinvariant, da sich immer eine Pareto-effiziente Allokation ergibt. Diese Aussage wird auch als Invarianz- und Effizienzthese des Coase-Theorems bezeichnet und beruht auf der Reziprozität externer Effekte. Selbst wenn man die Prämisse fehlender Transaktionskosten akzeptiert, so beruht die fehlende Werteadditivität ja gerade auf der Existenz impliziter Ansprüche, für die eben Eigentumsrechte vertraglich *nicht* spezifizierbar sind. Ebenso ist, wie die bisherigen Ausführungen gezeigt haben, das Marktsystem als unvollständig zu bezeichnen, so daß auch aus diesem Grunde das Coase-Theorem nicht zur Anwendung gelangen kann.

Die Pigou-Steuer[206] behandelt das Internalisierungsproblem, indem sie dem Externalitätenverursacher eine allokationsneutrale Pauschsteuer im Umfang der monetären Differenz zwischen – aus allokationstheoretischer Sicht – erst- und zweitbester Lösung auferlegt. Neben den der adäquaten Messung sozialer Kosten anhaftenden Problemen und dem Umstand, daß zur exakten Festlegung der Höhe der Pigou-Steuer die Kenntnis des Pareto-Optimums nötig ist, gilt auch hier wie bei der Festlegung der Eigentumsrechte im Falle des Coase-Theorems: Die Internalisierung scheitert an dem Umstand, daß implizite Ansprüche vertraglich nicht fixierbar und somit nicht justitiabel sind, so daß eine staatliche

[204] Konkret handelt es sich um pekuniäre externe Effekte, weil im Gegensatz zu den externen Effekten im engeren Sinn, die i.d.R. technologisch bedingt sind, ein Preiseinfluß durchaus vorliegt, da die impliziten Ansprüche den Wert einer Unternehmung mit beeinflussen.

[205] Vgl. Coase, Ronald H. (1960), S. 1-40.

[206] Vgl. Pigou, Arthur C. (1920).

Gewalt, die für die Durchsetzung der Besteuerung bzw. der Eigentumsrechte zu sorgen hätte, ins Leere greift.

Die Anwendbarkeit der Implementierungsverfahren bleibt bereits auf der theoretischen Ebene begrenzt, da die Mechanismen, mit deren Hilfe eine Implementierung zu erfolgen hat, entweder manipulierbar oder aber diktatorisch sind.[207] Ebenso besteht unter der Bedingung, daß sowohl die Unternehmung als auch die Stakeholder den impliziten Ansprüchen einen positiven Wert beimessen, eine prinzipielle Unvereinbarkeit von als plausibel erachteten Anreiz-, Rationalitäts- und Effizienzeigenschaften.[208] Auf der praktischen Ebene kommen als Internalisierungsverfahren neben Steuern, vor allem Ge- und Verbote sowie das Setzen von Standards in Betracht. Da aber auch diese Verfahren alle einer vorherigen staatlichen Durchsetzung bedürfen, gilt hier ähnliches wie zuvor bei den theoretischen Ansätzen: Eine Internalisierung der aufgrund vorhandener impliziter Ansprüche entstehenden Externalitäten in Form einer verletzten Werteadditivität scheitert an der Nicht-Spezifizierbarkeit und damit Nicht-Justizierbarkeit dieser Ansprüche.

Da alle Internalisierungsverfahren in mehr oder minder hohem Maße vorheriger staatlich-judikativer Maßnahmen bedürfen, die aufgrund der impliziten Ansprüchen innewohnenden Freiwilligkeit, was deren Erfüllung anbelangt, gerade keine Wirkungen zeigen, bleibt als Erkenntnis festzuhalten, daß die Berücksichtigung impliziter Ansprüche auf anderem Weg zu erfolgen hat. Eine Möglichkeit hierzu besteht darin, den Wert impliziter Ansprüche, wie er ihnen durch die Unternehmung beigemessen wird, den Stakeholdern in Form von bestimmten Unternehmenspolitiken zu signalisieren.

---

207) Dies ist das Resultat des Theorems von Gibbard und Satterthwaite, nach denen jede nicht-diktatorische Sozialwahlfunktion mit uneingeschränktem Definitions- und Wertebereich manipulierbar ist. Vgl. Gibbard, Alan (1973) und Satterthwaite, Mark (1975).

208) Nach dem Theorem von Myerson, Roger und Satterthwaite, Mark (1983) gibt es keinen anreizverträglichen, d.h. nicht-manipulierbaren, individuell-rationalen, d.h. einen die freiwillige Teilnahme sicherstellenden und ex post effizienten, budgetausgeglichenen Verhandlungsmechanismus, sofern die Verhandlungspartner private Informationen besitzen.

Anhang: Formale Beweisführung zum Werteadditivitätstheorem[209)]

Voraussetzung für das Bestehen der Werteadditivität ist ein vollkommener Kapitalmarkt, der sich durch die folgenden Merkmale auszeichnet.

1. Vollkommener Wettbewerb unter den Marktteilnehmern: Durch implizites Preisnehmerschaftsverhalten werden strategische Verhaltensmuster der ein Kontinuum bildenden Wirtschaftssubjekte ausgeschlossen.[210)]
2. Für alle Marktteilnehmer frei zugängliche kostenfreie Informationen: Hierdurch wird eine effiziente Informationsgewinnung und Verarbeitung der als rational anzusehenden Wirtschaftssubjekte erreicht.
3. Keinerlei Transaktionskosten: Dies schließt mögliche Kosten eines Bankrotts mit ein.
4. Unendliche Teilbarkeit der endlichen Finanztitel: Hierdurch werden etwaige Ganzzahligkeitsprobleme ausgeschlossen, so daß ein (Leer-)Handel in jedem beliebigen Umfang stattfinden kann.
5. Einheitlicher Soll- und Habenzinssatz für das mit einem bestimmten Verschuldungsumfang einhergehende Risiko: Eine weitere Differenzierung von Parten wird hierdurch vermieden.

Zu beweisen ist : $\sum_{i=1}^{I} V(F_i) = V\left(\sum_{i=1}^{I} F_i\right)$

mit $\sum_{i=1}^{I} F_i = F,$

wobei gilt $V(F_i)$: Wert V des Finanztitels F_i

F : Gesamtheit aller Finanztitel

Je nach Erwartungshaltung und Arbitrageformen lassen sich für die Beweisführung vier verschiedene Fälle unterschieden, nämlich homogene und heterogene Erwartungen der Marktteilnehmer jeweils gepaart mit reiner Arbitrage oder mit Investoren-Arbitrage.

---

209) Dieser Abschnitt baut in seiner Struktur auf Haley, Charles W. und Schall, Lawrence D. (1973), Anhang 9B auf und wird stellenweise modifiziert und ergänzt.

210) Vgl. Aumann, Robert J. (1964), S. 39.

Homogene Erwartungen und reine Arbitrage

Homogene Erwartungen bedeuten, daß die Marktteilnehmer übereinstimmende Vorstellungen hinsichtlich der Finanztitel, ihrer Rückflüsse und der Verteilung dieser Rückflüsse haben. Reine Arbitrage bedeutet Differenzarbitrage in dem Sinne, daß bei Vorliegen von Arbitragegelegenheiten der Arbitrageur die entsprechenden Parten gewinnbringend arbitriert, ohne daß er sie danach in einem Portfolio hält.[211)]

Bei Vorliegen der Ungleichheit $\sum_{i=1}^{I} V(F_i) \neq V\left(\sum_{i=1}^{I} F_i\right)$, d.h. verletzter Werteadditivität, lassen sich risikofreie Arbitragegewinne in Höhe von $\left|\sum_{i=1}^{I} V(F_i) - V\left(\sum_{i=1}^{I} F_i\right)\right|$ erzielen. Gilt etwa $\sum_{i=1}^{I} V(F_i) < V\left(\sum_{i=1}^{I} F_i\right)$, ist also die Gesamtposition „Portfolio" mehr wert als die sie ausmachenden Parten „Finanztitel", dann wird der Arbitrageur diese Parten oder einen Anteil hiervon kaufen und anschließend als Gesamtposition bzw. den entsprechenden Anteil mit höherem Wert verkaufen. Die jeweiligen Nachfrage- und Angebotshandlungen führen zu entsprechenden Preisreaktionen,[212)] die $V\left(\sum_{i=1}^{I} F_i\right)$ absinken und $\sum_{i=1}^{I} V(F_i)$ ansteigen lassen, solange bis bei entstehender Gleichheit zwischen beiden Größen keine gewinnwirksamen Arbitragemöglichkeiten mehr bestehen.

Die entsprechend umgekehrte Abfolge gilt im Fall $\sum_{i=1}^{I} V(F_i) > V\left(\sum_{i=1}^{I} F_i\right)$. Weiterhin wird deutlich: Die Werteadditivität ist eine Folge der Arbitragefreiheit, und da diese von ungesättigten Bedürfnissen, d.h. monotonen Präferenzen auf seiten der Arbitrageure, ausgeht, liegt auch der Werteadditivität diese neoklassische Charakterisierung der Wirtschaftssubjekte zugrunde.

Homogene Erwartungen und Investoren-Arbitrage

Im Gegensatz zur reinen Arbitrage behält der Arbitrageur bei der Investoren-Arbitrage nach den Arbitragetransaktionen einen Teil der Finanztitel in seinem Portfolio, d.h. von den eingekauften Parten wird nur ein Teil weiterveräußert.

---

211) Zu den verschiedenen Formen der Arbitrage in Abhängigkeit von den gehandelten und im Portfolio des Arbitrageurs befindlichen Parten vgl. Krümmel, Hans-Jacob (1964), S. 491-492 und 495.

212) Aufgrund der Monotonievoraussetzung für die Arbitragefreiheit und damit für die Werteadditivität sind die Preisreaktionen in dem Sinne Arbitragemöglichkeiten reduzierend, als daß die betreffenden Finanztitel gewöhnliche Güter im Sinne der Mikrotheorie darstellen, wodurch das Giffen-Phänomen ausgeschlossen wird.

Durch diese teilweise Bestandshaltung der Ausgleichsarbitrage wird es dem Arbitrageur ermöglicht, genau die Vermögensposition aufzubauen, die seinen Präferenzen entspricht.[213)]

Im Fall $\sum_{i=1}^{I} V(F_i) < V\left(\sum_{i=1}^{I} F_i\right)$ ist der Arbitrageur für eine bestimmte Vermögensposition $\tilde{F} \subseteq F$ den auf ihr entfallenden Wert $\sum_{i=1}^{\tilde{I}} V(\tilde{F}_i)$ zu zahlen bereit, während er für die Duplizierung dieser Position den ihr entsprechenden Portfoliowert $V\left(\sum_{i=1}^{\tilde{I}} \tilde{F}_i\right)$ zu zahlen hätte. Da beide Positionen $\tilde{F}$ hinsichtlich ihrer Parten identisch sind, muß $\sum_{i=1}^{\tilde{I}} V(\tilde{F}_i)$ mindestens dem Portfoliowert $V\left(\sum_{i=1}^{\tilde{I}} \tilde{F}_i\right)$ entsprechen. Somit gilt bei homogenen Erwartungen im Gleichgewicht für alle Arbitrageure $\sum_{i=1}^{I} V(F_i) \geq V\left(\sum_{i=1}^{I} F_i\right)$.[214)]

Im Fall $\sum_{i=1}^{I} V(F_i) > V\left(\sum_{i=1}^{I} F_i\right)$ gilt ähnlich umgekehrt: Die vom Arbitrageur präferierte Position $\tilde{F}$ erhält er durch Bildung des Gesamtportfolios F, für das er $\sum_{i=1}^{I} V(F_i)$ zu zahlen hat, und durch anschließende Veräußerung aller nicht zur Position F gehörenden Parten, d.h. $\hat{F} = F \setminus \tilde{F}$ zum Preis $\sum_{i=1}^{\hat{I}} V(\hat{F}_i)$. Den Arbitrageuren ist die Position F somit mindestens $\sum_{i=1}^{\tilde{I}} V(\tilde{F}_i) + \sum_{i=1}^{\hat{I}} V(\hat{F}_i) = \sum_{i=1}^{I} V(F_i)$ wert, so daß im Gleichgewicht der Wert von F mindestens $\sum_{i=1}^{I} V(F_i)$ betragen muß, also $V(F) = V\left(\sum_{i=1}^{I} F_i\right) \geq \sum_{i=1}^{I} V(F_i)$.[215)]

Die Kombination der beiden Ungleichungen $\sum_{i=1}^{I} V(F_i) \geq V\left(\sum_{i=1}^{I} F_i\right)$ und $V\left(\sum_{i=1}^{I} F_i\right) \geq \sum_{i=1}^{I} V(F_i)$ ergibt schließlich die Werteadditivität $\sum_{i=1}^{I} V(F_i) = V\left(\sum_{i=1}^{I} F_i\right)$ bei homogenen Erwartungen.

---

213) Im Rahmen der Finanzchemie oder des „financial engineering“ entspricht dieses Vorgehen dem Konzept der Duplizierung.

214) Da bezüglich der Position $\tilde{F}$ keinerlei einschränkende Annahme gemacht wurde, gilt insbesondere $\tilde{F} = F$.

215) Vgl. Fußnote 214.

Korrolar: Bezeichnet F_i die Eigenkapitalparte und F_j die Fremdkapitalparte der Position „Unternehmung“, dann gilt nach dem Werteadditivitätstheorem für den Marktwert V der Unternehmung: $V(F_i+F_j) = V(F_i)+V(F_j)$.

Dies ist die berühmte Proposition I von Modigliani und Miller, nach der für den Marktwert einer Unternehmung dessen Finanzierung irrelevant ist.[216] Das Modigliani-Miller-Theorem stellt damit insofern einen Spezialfall der Werteadditivität dar, als daß es die Zerlegung der Gesamtposition in nur zwei Parten vornimmt.

Heterogene Erwartungen

Im Gegensatz zu homogenen Erwartungen stimmen bei heterogenen Erwartungen die Vorstellungen der Marktteilnehmer über die Verteilung der Rückflüsse von Finanztiteln nicht unbedingt überein. Mit anderen Worten sind die Risikoeinschätzungen unterschiedlich, obwohl die Risikopräferenzen durchaus identisch sein können.[217] Dafür wird angenommen, daß ex post die Arbitrageure den sich einstellenden Wert eines Finanztitels kennen, um die Gesamtposition F entsprechend den Präferenzen der Arbitrageure in einzelne Parten disaggregieren zu können. Dadurch wird es wie im Falle homogener Erwartungen ermöglicht, ein entsprechendes Portfolio zu duplizieren, so daß die Beweisführung analog hierzu erfolgen kann. Einschränkend ist anzumerken, daß sich die Heterogenität nur auf einen Aspekt, nämlich die Verteilung der Rückflüsse, nicht aber beispielsweise auf die Anzahl der Finanztitel – es gilt also weiterhin $\sum_{i=1}^{I} F_i = F$ – bezieht, weswegen von eingeschränkter Heterogenität der Erwartungen zu sprechen ist.

4.5 Ein einfaches Modell zum Einfluß impliziter Ansprüche auf die Kapitalstruktur der Unternehmung

Die Überlegungen des vorigen Abschnittes 4.4 legen die Vermutung nahe, daß sich bei Vorliegen impliziter Ansprüche bestimmte Finanzierungsmuster, d.h.

---

216) Vgl. Modigliani, Franco und Miller, Merton H. (1958), S. 268-269 und 271, die in ihrer Arbeit ebenfalls von homogenen Erwartungen ausgehen.

217) Die Risikopräferenz bezieht sich auf die Handlung, die ein Wirtschaftssubjekt in einer konkreten Risikosituation vornimmt. Die Risikoeinschätzung hingegen bezieht sich darauf, welche konkrete Risikosituation sich aus den möglichen Risikosituationen einstellen mag. Somit wird sich in realistischen Fällen die jeweilige Risikopräferenz eines Wirtschaftssubjekts aufgrund seiner Risikoeinschätzung ergeben.

bestimmte relevante Kapitalstrukturen, herausbilden werden. Hier soll deshalb aufgezeigt werden, daß mit Zunahme impliziter Ansprüche der Anteil der Fremdfinanzierung und damit der Verschuldungsgrad als Verhältnis von Fremd- zu Eigenkapital zunimmt.[218)]

Zu diesem Zweck sei angenommen, daß sich zwei Unternehmungen durch den Umfang impliziter Ansprüche, den sie durch den Verkauf der ihnen zugrundeliegenden Produkte und durch die Ausstattung dieser Güter mit impliziten Ansprüchen beeinflussen können, wie folgt unterscheiden. Das Unternehmen H wählt implizite Ansprüche H auf einem Intervall $[0;\bar{H}]$, während Unternehmen L seine Entscheidung L im Intervall $(0;\bar{L}]$ trifft. Es gelte $L<H$, d.h. gegenüber Unternehmen H bestehen seitens der Stakeholder umfangreichere implizite Ansprüche als gegen das Unternehmen L.[219)] Die Wahl von L und H ist zwar den jeweiligen Unternehmen bekannt, nicht aber den Stakeholdern. Diesen sei nur bekannt, daß jeder Wert auf dem Intervall gleichwahrscheinlich ist. Der Erwartungswert dieser Rechteck- bzw. Gleichverteilung lautet dann $\frac{H}{2}$ bzw. $\frac{L}{2}$.

Der Umfang der beobachtbaren Verschuldung D diene nun den Stakeholdern dazu, zusätzliche Informationen zu gewinnen. In konkreten Worten: Der Verschuldungsgrad ist für die Stakeholder ein Signal den Umfang impliziter Ansprüche, die sie gegen die betreffende Unternehmung haben, zu bestimmen.

Der Marktwert der Unternehmung $F_j(V)$ ergebe sich als mit dem Faktor $\alpha>0$ gewichtete Summe des Wertes gegenwärtiger Finanzierungs-, d.h. Verschuldungsentscheidungen, und deren zukünftiger wertemäßiger Realisationen wie folgt:

$$(1) \quad F_j(V) = (1-\alpha)V_o(D_j) + \alpha\left(\frac{j}{2} - B\frac{D_j}{j}\right); \; j = H,L$$

Der erste Summand stellt den gewichteten gegenwärtigen Marktwert der Unternehmung dar, d.h. zum Zeitpunkt 0, zu dem der Verschuldungsumfang D_H bzw. D_L durch die beiden Unternehmen gewählt wird. Der zweite Summand enthält neben dem Erwartungswert der sich aus der Wahl des Umfangs impliziter

---

218) Es wird also weiterhin von den zwei Parten Eigen- und Fremdkapital ausgegangen, wie dies auch in dem Grundlagenartikel zur finanzwirtschaftlichen Signalisierungstheorie von Ross, Stephen A. (1977) geschieht, der allerdings die Finanzierungs- und die Anreizfunktion der Finanztitel nicht noch zusätzlich über das Instrumentarium impliziter Ansprüche abtrennt.

219) Es sei unterstellt, daß die impliziten Ansprüche einer monetären Bewertung zugänglich sind, die sich zwischen den Unternehmungen nicht unterscheidet.

Ansprüche ergebenden Rückflüsse als negatives Element die Position B>0 eines möglichen Konkurses, der entsteht, falls der zukünftige Marktwert der Unternehmung ihre Fremdkapitalverbindlichkeiten (Zinsen und Tilgung) nicht erfüllen kann. Dies geschehe mit einer Wahrscheinlichkeit von $\frac{D_j}{j}$, wobei j das betreffende Unternehmen bezeichnet. Es wird also angenommen, daß das umfangreicher implizite Ansprüche veräußernde Unternehmen bei gleicher Verschuldung D einer geringeren Konkursgefahr unterliegt, da implizite Ansprüche wie in Abschnitt 3.2.3 dargelegt einen Wert für die Unternehmung darstellen.

Für $V_0(D_j)$ gilt nunmehr bezüglich der Erwartungshaltung der Stakeholder:

$$(2a) \quad V_o(D_H) = \frac{H}{2} \quad \text{bzw.} \quad (2b) \quad V_o(D_L) = \frac{L}{2}$$

Da der gewählte beobachtbare Verschuldungsumfang als Signal für den nicht beobachtbaren Umfang impliziter Ansprüche dient, werden die Stakeholder mit der Verschuldungshöhe den entsprechenden Erwartungswert impliziter Ansprüche assoziieren.

Die Anreizbedingungen für ein Signalisierungsgleichgewicht erfordern, daß es sich für die beiden Unternehmen nicht lohnt, falsche Signale zu setzen; d.h. der jeweilige Marktwert bei Wahl des entsprechend wahren Verschuldungsumfangs darf nicht niedriger sein als der Marktwert bei einem Fehlsignal. Somit gilt für Unternehmen H unter Verwendung von (1) und (2a):

$$(3a) \quad (1-\alpha)\frac{H}{2} + \alpha\left(\frac{H}{2} - B\,\frac{D_H}{H}\right) \geq (1-\alpha)\frac{L}{2} + \alpha\left(\frac{L}{2} - B\,\frac{D_L}{L}\right)$$

Für Unternehmen L gilt entsprechend:

$$(3b) \quad (1-\alpha)\frac{L}{2} + \alpha\left(\frac{L}{2} - B\,\frac{D_L}{L}\right) \geq (1-\alpha)\frac{H}{2} + \alpha\left(\frac{H}{2} - B\,\frac{D_H}{H}\right)$$

Vereinfachen und Umformen ergibt unter Verwendung von H>L die Ungleichungen (4a) und (4b).

$$(4a) \quad \frac{H}{2} - \alpha B\,\frac{D_H}{H} \geq \frac{L}{2} - \alpha B\,\frac{D_L}{L}$$

$$\Leftrightarrow \quad \frac{1}{2}(H - L) \geq \alpha B\left(\frac{D_H}{H} - \frac{D_L}{L}\right)$$

(4b) $\frac{L}{2} - \alpha B \frac{D_L}{L} \geq \frac{H}{2} - \alpha B \frac{D_H}{H}$

$\Leftrightarrow \quad \alpha B \left(\frac{D_H}{H} - \frac{D_L}{L} \right) \geq \frac{1}{2}(H - L)$

Beide Ungleichungen können simultan nur erfüllt sein, falls gilt:

(5) $\alpha B \left(\frac{D_H}{H} - \frac{D_L}{L} \right) = \frac{1}{2}(H - L)$[220)]

Da annahmegemäß H-L>0 gelten soll und α,B>0 spezifiziert ist, muß auch gelten:

(6) $\frac{D_H}{H} - \frac{D_L}{L} > 0$

$\Rightarrow \quad \frac{D_H}{D_L} > \frac{H}{L}; \; D_L, L \neq 0$

also: $D_H > D_L$

Mit anderen Worten: Die Verschuldung steigt mit den impliziten Ansprüchen positiv an.

Dies entspricht der Behauptung von Cornell und Shapiro, daß der Schuldenquotient von Unternehmen, die implizite Ansprüche erfolgreich ihren Stakeholdern gewähren, höher ausfällt gegenüber Unternehmen, die hierauf verzichten oder weniger erfolgreich dabei sind.[221)]

Natürlich hängt dieses Ergebnis im vorliegenden einfachen Fall stark von den getroffenen Annahmen ab. Von den technischen Spezifikationen (α,B,H-L>0), die das mathematische Ergebnis sicherstellen, sind hier vor allem die Annahmen der Rechteckverteilung[222)] und der Zwei-Zeitpunkte-Betrachtung[223)] als restriktiv

---

220) Desweiteren ergibt sich aus (5) durch Auflösen nach D_H unter der Annahme eines vollständig eigenfinanzierten Unternehmens L, daß mit steigenden Konkurskosten B die Fremdkapitalaufnahme D_H des Unternehmens H sinkt, wodurch sich dessen Konkurswahrscheinlichkeit verringert.

221) Vgl. Cornell, Bradford und Shapiro, Alan C. (1987), S. 12.

222) Die mit einer Gleichverteilung einhergehende Entscheidungsregel ist die Laplace-Regel, nach der alle Umweltzustände als gleichwahrscheinlich angesehen werden müssen. Aufgrund dieses hohen Maßes an Unsicherheit wird deshalb jedem Umweltzustand die gleiche Wahrscheinlichkeit zugrunde gelegt, da sich keine weiteren Gründe zur Informationsgewinnung aufführen lassen. Man bezeichnet deshalb die Laplace-Regel auch als Prinzip

zu nennen. Ebenso können die getroffenen Konkurswahrscheinlichkeiten zwar in einem qualitativen Sinne als realistisch erachtet werden, jedoch muß die quantitative exogene Spezifizierung als willkürlich angesehen werden.

Die ökonomisch jedoch bedeutendste Prämisse ist indirekter Natur. Es wird unterstellt, daß der Marktwert der Unternehmung sich allein aus den impliziten Ansprüchen ergibt, da $V(D_j)$ durch L bzw. H bestimmt ist. Das beobachtbare Signal D_j ist somit abhängig von den unbeobachtbaren Größen L bzw. H. Damit wird zum einen die Analyse auf den Umfang impliziter Ansprüche beschränkt, da von sonstigen, den Marktwert der Unternehmung determinierenden Faktoren abstrahiert wird; zum anderen wird durch diese Methode der isolierenden Abstraktion aber deutlich, welche Kapitalstrukturrelevanz implizite Ansprüche besitzen.

Welche ökonomischen Erklärungen lassen sich hierfür finden? Wie gezeigt, ist die Wahl des Verschuldungsumfangs ein positiv korreliertes Signal für den Umfang impliziter Ansprüche, die eine Unternehmung gegenüber ihren Stakeholdern zu erfüllen hat. Da implizite Ansprüche, wie in Abschnitt 3.2 dargelegt wurde, keiner vertraglichen Spezifizierung zugänglich und somit der Gefahr der Nichterfüllung seitens der Unternehmung unterlegen sind, besteht für die Unternehmung ein Anreiz, durch den Aufbau von Reputation ein Vertrauensverhältnis bei ihren Stakeholdern aufzubauen. Reputation hat hier die Funktion eines Pfandes, da sie unter denselben Bedingungen – ordnungsgemäße Erfüllung der impliziten Ansprüche – entsteht, die sie erwarten läßt; nämlich die Erwartung der Stakeholder auf ordnungsgemäße Erfüllung.[224)] Insofern hat Reputation, so sie aufgebaut und von zeitstabiler Natur ist, ebenso eine Wirkung wie die impliziten Ansprüche auf die Zukunft[225)] und hat damit, was das Eingehen weiterer Verpflichtungen gegen die Stakeholder anbelangt, einen positiven Effekt.

Um diese Reputation nach außen zu dokumentieren, kann eine hohe Verschuldung dazu dienen, anzuzeigen, daß die Unternehmung die gegen sie bestehenden vertraglichen Ansprüche der Fremdkapitalgeber bedient. Glaubwürdig wird das Verschuldungssignal durch die Tatsache, daß von einem erfolgreichen

---

vom unzureichenden Grunde. Aufgrund ihrer Einfachheit verfügt die Laplace-Regel über den Vorzug gegenüber anderen Entscheidungsregeln, eine Vielzahl von Konsistenzforderungen zu erfüllen. Vgl. zu diesem Punkt Milnor, John W. (1954), S. 49-59.

223) Mögliche Verhaltensunsicherheiten hinsichtlich des Nichterfüllens der impliziten Ansprüche durch das Unternehmen, was in einer Zwei-Zeitpunkte-Betrachtung spieltheoretisch optimal wäre, bleiben ausgeklammert.

224) Vgl. Spremann, Klaus (1988), S. 620.

225) Im Unterschied dazu sind Garantien, sofern sie in Anspruch genommen werden, auf Handlungen der Vergangenheit gerichtet.

Unternehmen eher erwartet wird, seine Verpflichtungen – impliziter oder expliziter Art – zu erfüllen als von einem erfolglosen Unternehmen. Eine hohe Verschuldung signalisiert nämlich zukünftige hohe Gewinne, mit denen der Schuldendienst finanziert werden kann. Die hohen Gewinne wiederum werden über den Markt durch höhere (Kurs-)Werte der Unternehmung honoriert. Die höhere Verschuldung als Zeichen hoher Reputation bei den Fremdkapitalgebern wird somit übertragen auf die Anspruchsgruppe der Stakeholder.

Da aufgrund des den impliziten Ansprüchen innewohnenden Wertes[226)] die Konkursgefahr bei einem hohen Volumen impliziter Ansprüche ceteris paribus geringer ausfällt als bei niedrigem Niveau, besteht ein Kompensat für das mit einer höheren Fremdkapitalaufnahme einhergehende Verschuldungsrisiko, so daß auch auf diesem Wege eine höhere Verschuldung zu erklären ist. Die ohne Berücksichtigung impliziter Ansprüche mit zunehmender Verschuldung einhergehende steigende Konkursgefahr und die daraus resultierenden Konkurskosten werden bei Berücksichtigung impliziter Ansprüche über deren Pufferfunktion ansatzweise neutralisiert. Implizite Ansprüche weisen schließlich eine Pufferfunktion für die Weitergabe unternehmerischer bzw. systematischer, d.h. nicht diversifizierbarer Risiken im Sinne des CAPM, auf. Aufgrund der Charakteristik impliziter Ansprüche kann die Unternehmung eine risikoreichere Politik betreiben, da im negativen Erfolgsfalle eine Risikoüberwälzung auf die Stakeholder erfolgt, bei denen im Gegensatz zu den Fremdkapitalgebern keine explizit abgesicherten Sanktionsmaßnahmen wie etwa Konkursanmeldung oder Liquidationsandrohung möglich sind.[227)] Insofern kann die Unternehmung durch die auf diese Weise zwischengeschaltete sanktionsfreie Risikoauffangmöglichkeit eine „gefahrlosere" Verschuldungspolitik betreiben.

Im positiven Erfolgsfalle gilt aufgrund des Residualarguments bezüglich der Gewinnabführung an die Eigenkapitalgeber, daß ein durch eine risikoreichere Unternehmenspolitik möglicherweise entstehender zusätzlicher Rückfluß nicht vollständig den Stakeholdern zufließt, sofern deren Bedrohungspotential hierfür nicht ausreicht. Somit ist durch diesen potentiellen Rückfluß an die Eigenkapitalgeber eine Stakeholder induzierte Wirkung auf die Eigenkapitalrendite gegeben, wie sie bei den Ausführungen über die Modifikation des CAPM noch konkretisiert wird.

---

226) Vgl. Abschnitt 3.2.3.

227) Im Signalisierungsmodell von Leland, Hayne E. und Pyle, David (1977), das keine impliziten Ansprüche enthält, Proposition IV, geht eine risikoreichere Politik aufgrund der somit fehlenden Pufferfunktion mit einer geringeren Verschuldung einher.

Diese Argumentationen stehen im Einklang mit den empirischen Ergebnissen, nach denen eine Zunahme der Verschuldung mit einer Höherbewertung der Eigentümeranteile einhergeht.[228] Von daher ist ein Vorhandensein wertmäßig umfangreicher impliziter Ansprüche eher bei Unternehmen mit hohem Verschuldungsgrad anzutreffen. Ebenso wird hierdurch deutlich, daß gerade junge Unternehmen auf Eigenfinanzierung angewiesen sind, da es ihnen im Bewertungsfeld ihrer Umwelt, also Fremdkapitalgeber und Stakeholder, noch an der nötigen Reputation mangelt, für deren Aufbau eine gewisse Zeit erforderlich ist. Erst im Zeitablauf und im Zuge des damit einhergehenden Reputationsaufbaus bei erfolgreicher Unternehmensführung verringern sich die Unsicherheiten bei den Fremdkapitalgebern, so daß diese zu einer Kapitalüberlassung bereit sind.

Bei gegebener identischer Eigenkapitalausstattung führt die mit den umfangreicheren impliziten Ansprüchen einhergehende Höherverschuldung der Unternehmung H dazu, daß sie gegenüber der Unternehmung L ein höheres Finanzierungsvolumen aufweist. Von daher ergibt sich für die Investitionspolitik, daß durch einen gestiegenen Umfang impliziter Ansprüche – bedingt durch den Finanzierungseffekt auf das Fremdkapital – mehr Investitionsprojekte finanziert werden können. Ebenso ist zu bedenken, daß – wie oben dargelegt – mit der damit einhergehenden Verschuldungspolitik die Gefahr besteht, gerade in risikobehaftete Projekte zu investieren, da im Mißerfolgsfall – Scheitern des Projekts – eine Risikoüberwälzung zuerst auf die Stakeholder und erst dann auf die Fremdkapitalgeber erfolgt, während der sich im Erfolgsfalle einstellende Gewinn als Residualgröße dem Unternehmen zufließt.[229] Insofern können die Investitionsentscheidungen auch nicht mehr als separiert bzw. separierbar von den Finanzierungsentscheidungen betrachtet werden.

Die finanzinduzierten Investitionsentscheidungen bergen zudem die Gefahr, daß sie aufgrund der Interdependenzen im Vergleich zu separierbaren Investitionsentscheidungen ineffizient sein können.[230] Aus investitionspolitischer Sicht ähneln die vorgestellten Effekte nämlich der Idee der Free Cash Flow Theorie Jensens, nach der die Unternehmensführung sich durch eine Verschuldung auf die Interessenlage ihrer Eigenkapitalgeber – bzw. hier zusätzlich auf die ihrer

---

[228] Vgl. Harris, Milton und Raviv, Arthur (1991), S. 297-355 sowie die dort aufgeführten Studien.

[229] Da der Fremdkapitaldienst in Form von Zinsen und Tilgung als konstant erachtet werden kann, profitieren die Fremdkapitalgeber nicht von hohen Gewinnen, während sie aber bei Verlusten diese in Form von Minderzahlungen bezüglich Zinsen und Tilgung mitzutragen haben.

[230] Ein Beispiel für finanzinduzierte Pareto-Ineffizienzen im Rahmen von Zinsswaps liefert Breuer, Wolfgang (1996).

Stakeholder – ausrichtet, indem sie ihren diskretionären Handlungsspielraum gegenüber ihren Fremdkapitalgebern – bzw. hier zusätzlich gegenüber ihren Stakeholdern – beschränkt.[231] Man spricht in diesem Zusammenhang auch von einer Kontrollfunktion[232] und einem Bondingeffekt[233] der Verschuldung.

Abschließend bleibt zusammenfassend festzuhalten, daß für die Finanzierungsseite das Bestehen impliziter Ansprüche zu einer Verletzung der Werteadditivität in dem Sinne führt, daß die Kapitalstrukturentscheidung in Form einer höheren Fremdkapitalbildung von Relevanz ist.

4.6 Der Stakeholder Ansatz und das Capital Asset Pricing Modell

Nachdem im letzten Abschnitt der Einfluß des Stakeholder Ansatzes auf die Finanzierungsentscheidung der Unternehmung – dargestellt anhand der Kapitalstruktur – untersucht wurde, soll im folgenden die Investitionsentscheidung näher untersucht werden. Mit dem Begriff der Investition sei hier die Anlage verfügbarer finanzieller Ressourcen in materielle und immaterielle Vermögensgegenstände zur Zielerreichung des Investors gemeint. Wenngleich damit auch Finanzinvestitionen erfaßt sind, soll der Schwerpunkt auf die Aktivseite der Unternehmung gerichtet bleiben, d.h. insbesondere Realinvestitionen. Da die Investitionsentscheidung in die Zukunft gerichtet ist, ergibt sich als für Investitionen konstitutives Merkmal, daß sie mit Unsicherheit behaftet sind. Von daher bedarf es für ihre Bewertung eines Modells, das Investitionen unter Unsicherheit zu erfassen vermag, indem es die Risikopräferenz, d.h. die Haltung der Investoren bezüglich der unsicheren Umwelt berücksichtigt. Das wohl bekannteste Modell hierfür ist das von Sharpe, Lintner und Mossin entwickelte Capital Asset Pricing Modell, das allgemein als CAPM abgekürzt verwendet wird.[234]

---

231) Vgl. Jensen, Michael C. (1986), S. 323-329, der die Verhaltensunsicherheit bei der plastischen Ressource eines freien Cash Flow über den Weg einer Fremdkapitalaufnahme zu begrenzen versucht.

232) Vgl. Jensen, Michael C. (1986), S. 324.

233) Vgl. Williamson, Oliver E. (1988), S. 578-579 sowie Grossman, Sanford und Hart, Oliver (1982), S. 109.

234) Sharpe, William (1964), Lintner, John (1965) und Mossin, Jan (1966). Neben diesen veröffentlichten Originalarbeiten muß aber auch die unveröffentlichte Arbeit von Treynor, Jack L. (1961) Erwähnung finden.

4.6.1 Grundlagen des CAPM

Das CAPM ist ein Kapitalmarktmodell zur Erklärung von Preisen für Ansprüche auf unsichere Zahlungen auf Kapitalmärkten. Je nachdem, ob dabei die Ableitung von Kapitalkostensätzen oder von Gleichgewichtskursen behandelt wird, spricht man auch von einer gestaltenden oder einer erklärenden Kapitalmarkttheorie.[235] Während erstere, auch als normativ zu bezeichnende Theorie Handlungsempfehlungen zur Finanzierung, d.h. zur Emission von Finanztiteln, ausspricht, versucht die letztere, auch als explikativ oder deskriptiv zu bezeichnende Theorie, Gestaltungsaussagen hinsichtlich des Handels bereits emittierter Finanztitel zu treffen. Da das CAPM über die Art der Ansprüche, außer daß sie unsicher sind, keinerlei Auskunft gibt, darf angenommen werden, daß auch implizite Ansprüche unter den Erklärungsgegenstand des CAPM fallen.

Dem CAPM liegen die folgenden, einen perfekten Kapitalmarkt idealisierenden Annahmen zugrunde:[236]

1. Innerhalb eines einjährigen Zeit- und Planungshorizonts treten Zahlungen nur zu Beginn (t=0) und am Ende (t=1) dieses Horizonts auf.
2. Während die heute getroffenen Entscheidungen und die daraus resultierenden Zahlungen als sicher gelten, sind die sich in t=1 ergebenden Rückflüsse unsicher.[237]
3. Diese Unsicherheit beurteilen die als risikoavers anzusehenden Investoren nach den folgenden Größen der Portfolio-Theorie:[238]
   $\bar{R}$: Erwartungswert der Rückflüsse aus einem Finanztitel mit zufälligem Rückfluß R
   var: Varianz des Rückflusses dieses Finanztitels Innerhalb der Portfolioauswahl wird deshalb auch vom Mittelwert-Varianz-Kriterium oder μ-σ-Prinzip gesprochen, wobei bei beiden als bekannt vorausgesetzten Größen von einer Normalverteilung ausgegangen wird. Die Zielsetzung ist dabei, den Vermögensendwert zu maximieren.
4. Bezüglich dieser beiden Größen sowie bezüglich des risikolosen Zinssatzes R_F für risikolose Finanztitel und der Kovarianz cov(i,k) zwischen den Rück-

---

[235] Vgl. Perridon, Louis und Steiner, Manfred (1993), S. 247.

[236] Vgl. zu den sich indirekt aus diesen Annahmen ergebenden Folgen auch den Anhang zu Abschnitt 4.4.

[237] Wegen dieser impliziten Ein-Perioden-Betrachtung lassen sich die auf diese Weise zeitnormierten Rückflüsse auch als Renditen auffassen.

[238] Die Portfolio-Theorie ist maßgeblich durch die Arbeiten von Markowitz, Harry (1952) und (1959) entwickelt worden.

flüssen zweier Finanztitel i und k haben die Investoren homogene Erwartungen, d.h. ihre Vorstellungen über die Verteilung der Rückflüsse sind identisch.

5. Der Kapitelmarkt ist in folgender Weise als vollkommen zu bezeichnen:
   a) Zum risikolosen Zinssatz läßt sich unbeschränkt Geld anlegen bzw. Kredit aufnehmen.
   b) Die endlichen Finanztitel sind beliebig teilbar.
   c) Es gibt keine Transaktionskosten oder sonstigen institutionellen Beschränkungen, wie zum Beispiel Marktein- oder -austrittsbarrieren.
   d) Es gibt keine die Entscheidungen der Investoren beeinflussenden Steuern.[239)]
   e) Es herrscht Informationseffizienz, d.h. die Preise spiegeln zu jedem Zeitpunkt den jeweiligen Informationsstand korrekt wider, wobei die Informationen den Investoren kostenfrei zugänglich sind.[240)]
   f) Die Investoren stehen im vollkommenen Wettbewerb, so daß die Preise als gegeben anzusehen sind und es keinerlei strategische Verhaltensmuster gibt.[241)]

Das CAPM ist ein nachfrageseitiges Modell, da bei gegebenem Finanztitelangebot bzw. gegebener Menge an Investitionsprojekten die Portfolio-Theorie das Verhalten der Investoren erklären soll.[242)] Aufgrund ihrer Zielsetzung der Endvermögenswertmaximierung versuchen sie, ihre Gesamtposition an riskanten Finanztiteln durch Diversifikation zu einem effizienten Portfolio zu gestalten. Ein effizientes Portfolio ist dadurch gekennzeichnet, daß es von keinem anderen Portfolio hinsichtlich der Entscheidungsgrößen Erwartungswert und Varianz bzw. Standardabweichung dominiert wird. Wegen der Homogenitätsannahme ist das so entstandene Portfolio für alle Investoren in seiner Zusammensetzung aus riskanten Finanztiteln identisch, weswegen es im Aggregat auch Marktportfolio

---

239) Das muß nicht heißen, daß es überhaupt keine Steuern gibt. Vielmehr wird nur ein finanzierungsneutrales Steuersystem in dem Sinne gefordert, daß es zu keinen allokativen Verzerrungen kommt. Pauschsteuern wären hierfür ein Beispiel. Vgl. Spremann, Klaus (1991), S. 286 sowie insbesondere Sandmo, Agnar (1976), S. 38.

240) Je nach Zugänglichkeit und Verfügbarkeit lassen sich strenge (Insider-, öffentliche und vergangene Informationen werden verarbeitet), halb-strenge (öffentliche und vergangene Informationen werden verarbeitet) und schwache (vergangene Informationen werden verarbeitet) Informationseffizienz unterscheiden. Vgl. hierzu Fama, Eugene F. (1970), S. 30.

241) Allokationstheoretisch bilden die Marktteilnehmer ein Kontinuum, so daß ihr Markteinfluß verschwindet. Vgl. Aumann, Robert J. (1964), S. 39.

242) Vgl. Varian, Hal R. (1993), S. 165.

M genannt wird.[243] Das Marktportfolio entspricht damit dem Gesamtangebot an riskanten Finanztiteln auf dem Markt. Da sich die Investoren aber in ihren Risikopräferenzen unterscheiden, werden sie in einem zweiten Schritt je nach dem Grad ihrer Risikoeinstellung das Marktportfolio mit dem risikofreien Finanztitel beimischen, wodurch sich die individuellen optimalen Portfolios der Investoren ergeben.

Formal schlagen sich diese Ausführungen in zwei Gleichungen nieder, der Kapitalmarktlinie und der Wertpapiermarktlinie.[244]

Die Kapitalmarktlinie lautet

$$(1) \quad \bar{R}_K = R_F + \frac{\bar{R}_M - R_F}{\sigma_M} \sigma_K,$$

wobei $\bar{R}_K$ den erwarteten Rückfluß effizienter Portfolios, σ_K die Standardabweichung des Rückflusses effizienter Portfolios, R_F den risikolosen Zinssatz und $\bar{R}_M$ bzw. σ_M den erwarteten Rückfluß bzw. die Standardabweichung der Rückflüsse aus dem Marktportfolio bezeichnen. Die Kapitalmarktlinie gibt also an, inwieweit sich bei Wahl effizienter Portfolios deren erwarteter Rückfluß in Abhängigkeit von deren Standardabweichung verändert. Die Standardabweichung wird dabei als eine mathematische Stellvertretergröße für das ökonomische Risiko angesehen.

Im Gegensatz zur Kapitalmarktlinie, die auf die Rückfluß-Risiko-Beziehung mehrerer Finanztitel abstellt, setzt die Wertpapiermarktlinie den Rückfluß und das Risiko einzelner Finanztitel zueinander in Beziehung. Diese auch Grundgleichung des CAPM genannte Beziehung lautet formal

$$(2) \quad \bar{R}_j = R_F + \lambda \, \mathrm{cov}(j,M)$$

$$\text{mit } \lambda = \frac{\bar{R}_M - R_F}{\mathrm{var}(M)},$$

wobei neben den zuvor schon eingeführten Symbolen $\bar{R}_j$ den erwarteten Rückfluß eines Finanztitels j und cov(j,M) die Kovarianz der Rückflüsse zwischen

---

[243] Da das Marktportfolio unabhängig von den Risikopräferenzen der Investoren ermittelt werden kann und alle Investoren fiktiv als ein Großinvestor aufgefaßt werden können, spricht man auch von der James Tobin zuzuschreibenden universellen Separation. Vgl. Tobin, James (1958), S. 65-86. Die Fiktion eines den Markt repräsentierenden Großanlegers steht dabei allerdings im gedanklichen Widerspruch zu dessen in den Annahmen unterstelltem Preisnehmerschaftsverhalten.

[244] Die formale Herleitung findet sich im Anhang zu diesem Abschnitt.

diesem Finanztitel und dem Marktportfolio bezeichnen. Da der Ausdruck für λ der Differenz zwischen erwartetem Rückfluß aus dem einzigen effizienten und nur aus riskanten Finanztiteln bestehenden Portfolio – dem Marktportfolio – und dem sicheren Rückfluß aus dem risikolosen Finanztitel, jeweils bezogen auf eine Risikoeinheit, gemessen als Varianz der Rückflüsse des Marktportfolios, entspricht, wird die Konstante λ häufig als Marktpreis des Risikos bezeichnet. Faßt man $\bar{R}_j - R_F$ als Risikoprämie für den riskanten Finanztitel j auf, so läßt sich (2) in die folgende Form bringen, die die Risikoprämie in eine Preis- und eine Mengenkomponente $\sigma_j \, \rho_{j,M}$ aufspaltet:

$$(3) \quad \bar{R}_j - R_F = \frac{\bar{R}_M - R_F}{\sigma_M} \sigma_j \, \rho_{j,M},$$

wobei $\rho_{j,M}$ den Korrelationskoeffizienten zwischen j und M darstellt.[245)]

Ausgehend von dieser finanztitelspezifischen Risikoprämie λ cov(j,M) läßt sich die Wertpapiermarktgleichung auch in eine andere Form bringen, die auf die Risikoprämie für das Marktportfolio abstellt. Hierdurch wird gleichzeitig die Brücke zwischen Kapitalmarkt- und Wertpapiermarktlinie geschlagen.

Ausgehend von $$\bar{R}_j = R_F + \frac{\bar{R}_M - R_F}{\sigma_M} \sigma_j \, \rho_{j,M}$$

$$= R_F + (\bar{R}_M - R_F) \frac{\sigma_j \, \sigma_M \, \rho_{j,M}}{\text{var}(M)}$$

erhält man

$$(4) \quad \bar{R}_j = R_F + (\bar{R}_M - R_F) \frac{\text{cov}(j,M)}{\text{var}(M)}.$$

Der Term $\frac{\text{cov}(j,M)}{\text{var}(M)}$ wird auch als β-Faktor[246)] bezeichnet, woraus sich die wohl berühmteste Gleichung der Finanzmarkttheorie ergibt.

---

245) $\text{cov}(j,M) = \sigma_j \, \sigma_m \, \rho_{j,M}$, wobei in (3) der Marktpreis des Risikos in Bezug auf die Standardabweichung σ und nicht wie in (2) durch die Varianz gemessen wird. Da es sich aber um mathematisch verwandte Streuungsmaße der Statistik handelt, bleibt hierdurch die ökonomische Interpretation unverändert.

246) Diese Bezeichnung beruht auf der Tatsache, daß das Beta den theoretischen Regressionskoeffizienten zwischen den Rückflüssen des betrachteten Finanztitels und dem Marktportfolio darstellt. Dieses Ergebnis steht damit auch im Einklang mit dem sogenannten Markt- oder Ein-Faktoren-Modell von Sharpe, William (1963). Vgl. Varian, Hal R. (1993), S. 164-165.

$$(5) \quad \bar{R}_j = R_F + (\bar{R}_M - R_F)\,\beta_j$$

stellt den Zusammenhang zwischen der Risikoprämie für die Parte „Finanztitel j“ und der Position „Marktportfolio M“ her. Die Risikoprämie des Finanztitels entspricht der mit β gewichteten Risikoprämie für das Marktportfolio bzw. Überrendite, wobei sich β als Risikobeitrag des betreffenden Finanztitels zum Marktportfolio auffassen läßt.

Da das Risiko eines Finanztitels damit nicht mehr ausschließlich von dem Finanztitel alleine abhängt, sondern zusätzlich von dessen Korrelation zum Marktportfolio, wird auch der Marktbezug des CAPM deutlich. Der Markt honoriert eine Risikoübernahme nämlich nur für das nach der effizienten Portfoliowahl noch verbleibende und nicht mehr diversifizierbare Restrisiko. Dieses wird im Gegensatz zum unsystematischen Risiko, welches sich durch geeignete Diversifizierung des Marktportfolios beseitigen läßt, systematisches Risiko genannt.[247] Die Wertpapierlinie verläuft steigend, da aufgrund der Risikoaversion der Investoren diese für eine erhöhte Risikoübernahme durch höhere erwartete Rückflüsse zu kompensieren sind.

Definiert man Rendite als den auf einen bestimmten Zeitraum bezogenen Rückfluß,[248] so wird deutlich, warum (4) und (5) als Renditegleichung des CAPM zu bezeichnen sind. Neben dieser Sekundärmarktinterpretation besteht aber auch eine Primärmarktinterpretation des CAPM,[249] die sich durch die Preisgleichung des CAPM darstellen läßt. Diese greift auf das Kapitalwertkriterium zurück und zinst die zukünftigen Rückflüsse mit einem das finanztitelspezifische Risiko berücksichtigenden Zinssatz ab. Die Preisgleichung des CAPM lautet:

$$(6) \quad P_{o,j} = \frac{\bar{P}_{1,j}}{1 + R_F + \lambda \operatorname{cov}(j,M)}$$

$P_{0,j}$ bezeichnet dabei den heutigen Preis und $\bar{P}_{1,j}$ den erwarteten zukünftigen Preis des Finanztitels j. Ebenso wie die Renditegleichung, läßt sich auch die Preisgleichung in einer weiteren Form schreiben, nämlich:

$$(7) \quad P_{o,j} = \frac{\bar{P}_{1,j} - \frac{\lambda}{P_{o,M}} \operatorname{cov}(P_{1,j}, P_{1,M})}{1 + R_F}$$

---

247) Man spricht auch vom operating risk, leistungswirtschaftlichem Risiko oder Unternehmensrisiko.

248) Vgl. Fußnote 237.

249) Vgl. Perridon, Louis und Steiner, Manfred (1993), S. 247.

Dabei bezeichnen $P_{0,M}$ den heutigen Preis des Marktportfolios, $P_{1,j}$ bzw. $P_{1,M}$ die morgigen unsicheren Preise des Finanztitels j bzw. des Marktportfolios M und $cov(P_{1,j}, P_{1,M})$ deren Kovarianz.

Gemäß der Idee des Kapitalwertverfahrens ist es für die Bewertung mit Hilfe des CAPM also äquivalent, ob auf den Abzinsungsfaktor R_F ein Riskiozuschlag oder auf den erwarteten zukünftigen Preis ein Risikoabschlag erhoben wird.[250] Der Risikozuschlag in (6) entspricht dabei der Risikoprämie der Grundgleichung (2).

Das Risiko wird im CAPM als „homogenes Gut" aufgefaßt, d.h. es erfolgt keine weitere Spezifizierung des systematischen Risikos. Das bedeutet, daß das Risiko für effiziente Portfolios - ausgedrückt in der Kapitalmarktlinie - und für einzelne riskante Finanztitel – ausgedrückt in der Wertpapiermarktlinie – die gleiche Bewertung erfährt. Deshalb läßt sich über den Marktpreis des Risikos eine Verbindung zwischen der Kapitalmarkt- und der Wertpapiermarktlinie herstellen. Löst man die Gleichungen für die Wertpapierlinie (2) und für die Kapitalmarktlinie (1) jeweils nach $\frac{\bar{R}_M - R_F}{\sigma_M}$ – dem Marktpreis des Risikos – auf und setzt dann gleich, so erhält man folgendes Äquivalenzresultat:

$$(8) \qquad \frac{\bar{R}_j - R_F}{\sigma_j \rho_{j,M}} = \frac{\bar{R}_K - R_F}{\sigma_K}$$

Dabei entspricht die linke Seite der Gleichung (8) der Wertpapier- und die rechte Seite der Kapitalmarktlinie. Beide Terme berücksichtigen im Zähler Risikoprämien. Die Risikoprämie für einen riskanten Finanztitel und für effiziente Portfolios, bestehend aus mehreren riskanten Finanztiteln, wird jeweils auf eine Risikoeinheit – gemessen durch σ_j bzw. σ_K – bezogen. Für den einzelnen Finanztitel erfolgt aber zusätzlich eine Gewichtung mit dessen Korrelation zum Marktportfolio. Hierdurch kommt wieder der Diversifikationsgedanke, d.h. der Risikobeitrag einer einzelnen Parte zur Gesamtposition, zum Ausdruck.

Um die Aussagen des CAPM, insbesondere den linearen Zusammenhang zwischen Rückflüssen und Risiko und die perfekte Diversifikation, d.h. das Bestehen einer Risikoprämie nur für das systematische Risiko, anhand der Realität empirisch überprüfen zu können, ist eine sogenannte ex post Version des CAPM erforderlich, da die dargestellte Grundversion des CAPM in Erwartungswerten

---

[250] Diese auch als Sicherheitsäquivalentmethode zu bezeichnende Bewertung geht in ihrem Verhältnis zur Methode des risikoangepaßten Abzinsungsfaktors auf Robichek, Alexander A. und Myers, Stewart C. (1966), S. 727-730 zurück.

von Verteilungsgrößen formuliert ist, die einer für die empirische Überprüfung erforderlichen Beobachtung nicht zugänglich sind. Deshalb wird die Grundversion in eine ex post Variante gebracht, in der an die Stelle der erwarteten Rückflüsse die im Durchschnitt ex post tatsächlich beobachteten Rückflüsse gesetzt werden sowie von der stochastischen Unabhängigkeit und der Stationärität der Verteilung der Rückflüsse der Finanztitel ausgegangen wird.[251)] Die sich dann in einer Vielzahl von Untersuchungen[252)] einstellenden Ergebnisse erlauben allerdings weder eine vollständige Bestätigung des CAPM noch dessen vollständige Ablehnung. Die widersprüchlichen Validitätsaussagen lassen sich zum einen mit Unterschieden in den Untersuchungsmethoden und zugrundegelegten Zeiträumen sowie den verwendeten Stichproben erklären. Zum anderen stellt sich aber ein grundlegendes Problem methodologischer Art.

Bedenkt man, daß sich im Marktportfolio alle risikoeffizienten Finanztitel des Marktes befinden, d.h. auch solche, die kaum oder gar nicht gehandelt werden bzw. aus anderen Gründen für Diversifizierungstransaktionen nicht zur Verfügung stehen, so kann alleine aus praktischen Erwägungen ein Marktportfolio im Sinne des CAPM nicht aufgebaut werden kann. Vielmehr ist die empirische Überprüfung auf ein das Marktportfolio repräsentierende Stellvertreterportfolio angewiesen, wie beispielsweise einen Indexwert. Da dann aber nicht das Marktportfolio, sondern sein Stellvertreter getestet wird, ist das Marktportfolio selbst im Prinzip nicht überprüfbar und damit nach neopositivistischer Auffassung auch nicht falsifizierbar. Ebenso ist der lineare Zusammenhang zwischen Rückflüssen und Risiko tautologisch, weil nur unter der Voraussetzung dieser Linearität das Marktportfolio die geforderte Effizienz besitzt.[253)]

Dennoch ist die Bedeutung des CAPM nicht hoch genug einzuschätzen. Wie wohl kein anderes Modell der Finanzmarkttheorie hat es Verwendung nicht nur in der wissenschaftlichen Auseinandersetzung sondern auch im praktischen Fi-

---

251) Stochastische Unabhängigkeit bedeutet, daß zukünftige Rückflüsse sich nicht aus vergangenen Rückflüssen ableiten lassen. Dies entspricht auf der theoretischen Ebene der Random Walk Hypothese, woraus sich wiederum die Informationseffizienz im schwachen Sinne ergibt. Vgl. Franke, Günter und Hax, Herbert (1994), S. 394. Stationärität bedeutet, daß die Verteilungsfunktion der Rückflüsse im Zeitablauf konstant bleibt.

252) Einen Überblick über die Validität des CAPM für westdeutsche Beteiligungstitel geben die Arbeiten von Möller, Hans-Peter (1984) und (1988). Vgl. allgemein zur empirischen Relevanz des CAPM und der damit verbundenen Problematiken Copeland, Thomas E. und Weston, J. Fred (1992), Kapitel 7, Abschnitte H und I sowie die dort angegebenen Quellen.

253) Dieser zuerst von Roll, Richard (1977) gebrachte Einwand hat als Roll'sche Fundamentalkritik Eingang in die Finanzierungsliteratur gefunden.

nanzmanagement gefunden.[254)] Erstaunlich ist dabei vor allem, daß nicht etwa eine der vielen und durch Annahmenmodifikation sich realitätsnäher gebenden Weiterentwicklungen des CAPM Verwendung finden, sondern weiterhin auf die Grundversion des CAPM abgestellt wird. Dies kann daran liegen, daß die Weiterentwicklungen des CAPM sich entweder einseitig auf die Verhaltensmodellierung in Form heterogener Erwartungen oder aber einseitig auf die Umweltmodellierung in Form unvollkommener Kapitalmärkte richten, wodurch sich durch die Vernachlässigung der jeweils anderen Modellkomponente für die praktische Investitionsentscheidung ebenfalls Probleme ergeben.[255)] Von daher erscheint es angebracht, bei dem Versuch eines Einbezugs von Stakeholder Ansprüchen für praktische Anwendungen weiterhin auf die Grundversion des CAPM abzustellen bzw. für die theoretische Analyse eine entsprechend geeignete Modifikation auszuwählen.

---

254) Das Ausrichten auf die im Wirtschaftsteil bedeutender Finanzzeitungen veröffentlichten Beta-Werte für die Wertpapieranalyse und die Anlageentscheidung privater wie auch institutioneller Anleger zeugt von der praktischen Bedeutung des CAPM im Finanzmanagement von Banken, Versicherungen und sonstigen Unternehmen. Unterstrichen wird diese Aussage durch Sharpe, William F. (1991), S. 221: „More than most sciences, economics not only analyzes reality, it also alters it. Theories lead to empiricism which changes behaviour. Nowhere is this more evident than in financial economics.“

255) Eine dritte Form der Modellmodifikation besteht darin, daß man auf einen risikolosen Finanztitel verzichtet und stattdessen ein sogenanntes Zero-Beta-Portfolio einführt. Dieses ist ein risikominimales Portfolio, das mit dem Marktportfolio nicht korreliert, d.h. dessen Kovarianz Null beträgt, und dessen Rückfluß an die Stelle des risikolosen Zinssatzes tritt. Vgl. das Zwei-Faktoren-Modell von Black, Fischer (1972).

Anhang: Formale Herleitung des CAPM

Die formale Herleitung folgt der Arbeit von Sharpe, William (1964), in der das CAPM ausgehend von der Portfoliotheorie von Markowitz, Harry (1959) hergeleitet wird.[256] Die Notation und die Gleichungen lehnen sich hierbei an Kruschwitz, Lutz und Schöbel, Rainer (1987) an.[257]

Sei mit w_i der relative Anteil bezeichnet, mit dem ein Finanztitel i in einem Portfolio vertreten ist, so lassen sich die erwarteten Rückflüsse $\bar{R}_p$ und die Varianz var(P) dieses aus n Finanztiteln bestehenden Portfolios P darstellen als

(1) $\bar{R}_p = \sum_{i=1}^{n} w_i \bar{R}_i$ und

(2) $$\text{var}(P) = \sum_{i=1}^{n} \sum_{k=1}^{n} w_i w_k \text{cov}(i,k)$$

$$= \sum_{i=1}^{n} w_i^2 \text{var}(i) + 2 \sum_{i=1}^{n} \sum_{k \neq i}^{n} w_i w_k \text{cov}(i,k)$$

$$= \sum_{i=1}^{n} w_i^2 \text{var}(i) + 2 \sum_{i=1}^{n} \sum_{k \neq i}^{n} w_i w_k \sigma_i \sigma_k \rho_{i,k}$$

Im Zwei-Finanztitel-Fall gilt vereinfachend

(3) $\bar{R}_p = w_1 \bar{R}_1 + (1-w_1) \bar{R}_2$ und

(4) $$\text{var}(P) = w_1^2 \text{var}(1) + (1-w_1)^2 \text{var}(2) + 2w_1(1-w_1) \text{cov}(1,2)$$

$$= w_1^2 \text{var}(1) + (1-w_1)^2 \text{var}(2) + 2w_1(1-w_1)\sigma_1\sigma_2\rho_{1,2}$$

Je nach dem Wert des Korrelationskoeffizienten $\rho_{i,k}$ lassen sich nun drei charakteristische Fälle der Diversifikation von Portfolios unterscheiden.

$\rho_{1,2} = 1$: Bei vollständig positiv korrelierten Rückflüssen der Finanztitel läßt sich keinerlei risikomindernde Portfoliodiversifikation erzielen, und man erhält

(4a) $$\text{var}(P) = (w_1\sigma_1 + (1-w_1)\sigma_2)^2$$

---

[256] Vgl. insbesondere die Fußnote 22, S. 438 bei Sharpe, William (1964).

[257] Vgl. Kruschwitz, Lutz und Schöbel, Rainer (1987), S. 67-72. Nicht weiter erläuterte Symbole sind bereits im Hauptteil von Abschnitt 4.6.1 erklärt worden.

$\rho_{1,2} = 0$: Bei unkorrelierten Rückflüssen der Finanztitel läßt sich dagegen risikovermindernde Diversifikation betreiben bis zu

$$\text{(4b)} \quad var(P) = w_1^2 \, var\,(1) + (1\text{-}w_1)^2 \, var\,(2)$$

$\rho_{1,2} = -1$: Bei vollständig negativ korrelierten Rückflüssen der Finanztitel vermindert sich das Portfoliorisiko aufgrund des Diversifikationseffektes sogar zu

$$\text{(4c)} \quad var(P) = (w_1\sigma_1 - (1 - w_1)\sigma_2)^2$$

Für die Herleitung der Kapitalmarktlinie sei nun angenommen, daß ein Portfolio zum Anteil α aus einem riskanten Teilportfolio, d.h. bestehend aus mehreren riskanten Finanztiteln, und zum Anteil $(1\text{-}\alpha)$ aus einem sicheren Finanztitel mit Rückfluß R_F besteht. Unter Verwendung von (3) und (4) erhält man dann für den erwarteten Rückfluß und die Varianz dieses Portfolios:

$$\text{(5)} \quad \bar{R}_k = \alpha\bar{R}_p + (1\text{-}\alpha)R_F$$

$$= R_F + (\bar{R}_P - R_F)\,\alpha \text{ und}$$

$$\text{(6)} \quad var\,(K) = \alpha^2 \, var\,(P) + (1\text{-}\alpha)^2 \, var\,(F) + 2\alpha\,(1\text{-}\alpha)\sigma_P\sigma_F\rho_{P,F}$$

$$= \alpha^2 \, var\,(P) \text{ wegen } \sigma_F = 0.$$

Auflösen von (6) nach α und Einsetzen in (5) führt zur folgenden funktionalen Beziehung zwischen $\bar{R}_K$ und σ_K:

$$\text{(7)} \quad \bar{R}_K = R_F + \frac{\bar{R}_P - R_F}{\sigma_P}\sigma_K$$

$$= R_F + \Lambda\sigma_K$$

Da Λ den Rückfluß aus dem Portfolio je Risikoeinheit angibt, die Investoren Endwertmaximierung betreiben[258)] und ihre Erwartungshaltung dabei homogen

258) Bei gegebenem Risiko werden Portfolios mit geringeren erwarteten Rückflüssen durch solche mit höheren erwarteten Rückflüssen dominiert, weswegen man auch vom Dominanzkriterium spricht.

ist, gilt: Die Investoren wählen ein Portfolio, das Λ maximiert. Dieses Portfolio ist für alle Investoren identisch und ist das Marktportfolio, so daß man mit Λ_{max} die Gleichung für die Kapitalmarktlinie erhält.

$$(8) \quad \bar{R}_K = R_F + \Lambda_{max}\sigma_K$$
$$= R_F + \frac{\bar{R}_M - R_F}{\sigma_M}\sigma_K$$

beschreibt die „Kurve guter Handlungsmöglichkeiten",[259] da sie sich nur auf im Sinne der Portfoliotheorie effiziente Portfolios bezieht.

Für die Wertpapiermarktlinie gilt es nun, die Struktur des Marktportfolios bezüglich riskanter Finanztitel so zu bestimmen, daß die relativen Anteile riskanter Finanztitel die Steigung von Gleichung (7) maximieren, d.h.:

$$(9) \quad \Lambda(w) = \frac{\bar{R}_P - R_F}{\sigma_P}$$
$$= \frac{\sum_{i=1}^{n} w_i\bar{R}_i - R_F}{\left(\sum_{i=1}^{n} w_i^2 \operatorname{var}(i) + 2\sum_{i=1}^{n}\sum_{i\neq k}^{n} w_i w_k \operatorname{cov}(i,k)\right)^{1/2}} \quad \text{mit (1) und (2)}$$
$$=: \frac{Z(w)}{N(w)} = \max_w!$$

Die Lösung lautet dann in allgemeiner Form

$$(10) \quad \frac{\partial\Lambda(w)}{\partial w_j} = 0 \ \forall\, j = 1,\ldots,n$$ [260]

und unter Anwendung der Quotientenregel erhält man den folgenden Rechengang, der die Lösung von (10) aufteilt in die Zähler- und Nennerberechnung.

$$(11) \quad \frac{\partial Z(w)}{\partial w_j} = \bar{R}_j - R_F$$
$$\text{mit } Z(w) = \sum_{i=1}^{n} w_i \bar{R}_j - R_F \sum_{i=1}^{n} w_i$$

---

[259] Kruschwitz, Lutz und Schöbel, Rainer (1987), S. 69.

[260] Dieser Ausdruck entspricht bereits der CAPM-Renditegleichung für einen Finanztitel j.

$$=\sum_{i=1}^{n} w_i (\bar{R}_i - R_F)$$

und $\sum_{i=1}^{n} w_i = 1$

$$(12) \quad \frac{\partial N(w)}{\partial w_j} = \frac{1}{2} (\mathrm{var}(P))^{-1/2} [2w_j \,\mathrm{var}(j) + 2\sum_{i \neq j}^{n} w_i \,\mathrm{cov}(i,j)]$$

$$= \sigma_P^{-1} \sum_{i=1}^{n} w_i \,\mathrm{cov}(i,j)$$

$$= \sigma_P^{-1} \,\mathrm{cov}(j,P)$$

wegen $\sum_{i=1}^{n} w_i \,\mathrm{cov}(i,j)$

$$= w_1 \,\mathrm{cov}\,(1,j) + \ldots + w_n \,\mathrm{cov}(n,j)$$

$$= w_1 \,E\,[(R_1 - \bar{R}_1)(R_j - \bar{R}_j)] + \ldots + w_n \,E\,[(R_n - \bar{R}_n)(R_j - \bar{R}_j)]$$

$$= E\,[w_1(R_1 - \bar{R}_1)(R_j - \bar{R}_j) + \ldots + w_n\,(R_n - \bar{R}_n)(R_j - \bar{R}_j)]$$

$$= E\,[(R_j - \bar{R}_j)(\sum_{i=1}^{n} w_i R_i - \sum_{i=1}^{n} w_i \bar{R}_i)]$$

$$= \mathrm{cov}\,(j,P)$$

$$(13) \quad \frac{\partial \Lambda(w)}{\partial w_j} = \left[\frac{\partial Z(w)}{\partial w_j} N(w) - \frac{\partial N(w)}{\partial w_j} Z(w)\right] \div N^2(w)$$

$$= [\sigma_P (\bar{R}_j - R_F) - (\bar{R}_P - R_F)\, \sigma_P^{-1} \,\mathrm{cov}\,(j,P)] \div \mathrm{var}\,(P) \stackrel{!}{=} 0$$

Umformen ergibt schließlich unter Berücksichtigung des Marktportfolios die CAPM-Renditegleichung.

$$(14) \quad \bar{R}_j = R_F + \frac{\bar{R}_M - R_F}{\mathrm{var}(M)} \mathrm{cov}(j,M)$$

Die Preisgleichung erhält man ausgehend von dem Zusammenhang für eine Ein-Periodige-Anlage

(15) $P_{1,j} = P_{o,j}\,(1 + R_j)$ im sicheren Fall bzw.

(16) $\bar{P}_{1,j} = P_{o,j}\,(1 + \bar{R}_j)$ im unsicheren Fall.

Auflösen von (16) nach $\bar{R}_j$ und Einsetzen in (14) ergibt die CAPM-Preisgleichung

(17) $$P_{o,j} = \frac{\bar{P}_{1,j}}{1 + R_F + \frac{\bar{R}_M - R_F}{var(M)}\,cov(j,M)}$$

Ausgehend von (14) unter Verwendung von (15) und (16) sowie Umformen des Kovarianzterms cov(j,M) erhält man die alternative Form der Preisgleichung über

(14) $$\bar{R}_j = R_F + \frac{\bar{R}_M - R_F}{var(M)}\,cov(j,M)$$

$$\text{mit } cov(j,M) = E[(R_j - \bar{R}_j)\,(R_M - \bar{R}_M)]$$

$$= E\left[\left(\frac{P_{1,j}}{P_{o,j}} - 1 - \frac{\bar{P}_{1,j}}{P_{o,j}} + 1\right)\left(\frac{P_{1,M}}{P_{o,M}} - 1 - \frac{\bar{P}_{1,M}}{P_{o,M}} + 1\right)\right]$$

$$= \frac{1}{P_{o,j}\,P_{o,M}}\,E\,[(P_{1,j} - \bar{P}_{1,j})\,(P_{1,M} - \bar{P}_{1,M})]$$

$$= \frac{1}{P_{o,j}\,P_{o,M}}\,cov\,(P_j,P_M)$$

Auflösen von (14) nach $P_{0,j}$ unter Berücksichtigung von (16) ergibt schließlich

(18) $$P_{o,j} = \frac{\bar{P}_{1,j} - \frac{\bar{R}_M - R_F}{var(M)}\,\frac{1}{P_{o,M}}\,cov(P_j,P_M)}{1 + R_F}$$

4.6.2 Beurteilung des CAPM im Rahmen des Stakeholder Ansatzes

Dieser Abschnitt stellt eine Verbindung zwischen dem letzten Abschnitt und den Abschnitten 4.2 und 4.4 her, indem er das CAPM auf die für den Stakeholder Ansatz relevanten Eigenschaften der Werteadditivität und der Vollständigkeit bzw. deren Nicht-Erfülltsein untersucht.

Um das CAPM hinsichtlich der Werteadditivitätseigenschaft zu überprüfen, wird von der Preisgleichung des CAPM ausgegangen, da mit dieser eine Bewertung von Finanztiteln erfolgt. Unter Beibehaltung der bisher eingeführten Notation muß überprüft werden, ob die folgende, die Werteadditivität für das CAPM ausmachende Gleichung, erfüllt ist.

(1) $V(F_i)+V(F_j)=V(F_i+F_j)$

mit $V(F_i)=P_{0,i}$

und $V(F_j)=P_{0,j}$

Hierbei wird für die Bewertung unterstellt, daß sie sich jeweils auf eine Mengeneinheit der beliebig teilbaren Finanztitel F_i und F_j bezieht. Schreibt man für $P_{0,i}$ und $P_{o,j}$ die entsprechenden Preisgleichungen, so erhält man

$$(2) \quad P_{o,i} + P_{o,j} = \frac{\bar{P}_{1,i} - \frac{\lambda}{P_{o,M}} \operatorname{cov}(P_{1,i}, P_{1,M})}{1 + R_F} + \frac{\bar{P}_{1,j} - \frac{\lambda}{P_{o,M}} \operatorname{cov}(P_{1,j}, P_{1,M})}{1 + R_F}$$

Für Kovarianzen gilt die folgende Beziehung:[261)]

$$(3) \quad \operatorname{cov}(P_{1,i},P_{1,M}) + \operatorname{cov}(P_{1,j},P_{1,M}) = \operatorname{cov}(P_{1,i} + P_{1,j},P_{1,M})$$

Damit ergibt sich zusammen mit der Additivität der erwarteten Größen $\bar{P}_{1,i}$ und $\bar{P}_{1,j}$

---

261) $\operatorname{cov}(P_{1,i},P_{1,M}) + \operatorname{cov}(P_{1,j},P_{1,M})$
$= E\left[(P_{1,i} - \bar{P}_{1,i})(P_{1,M} - \bar{P}_{1,M}) + (P_{1,j} - \bar{P}_{1,j})(P_{1,M} - \bar{P}_{1,M})\right]$
$= E\left[((P_{1,i} + P_{1,j}) - (\bar{P}_{1,i} + \bar{P}_{1,j}))(P_{1,M} - \bar{P}_{1,M})\right]$
$= \operatorname{cov}((P_{1,i} + P_{1,j}), P_{1,M})$. E[•] bezeichnet hierbei den Erwartungswertoperator.

$$(4)\ P_{o,i} + P_{o,j} = \frac{\bar{P}_{1,i+j} - \frac{\lambda}{P_{o,M}} \operatorname{cov}((P_{1,i} + P_{1,j}), P_{1,M})}{1 + R_F} = V(F_i + F_j)$$

und somit die Werteadditivitätseigenschaft.

Für die Diskussion des CAPM bezüglich seiner Vollständigkeit wird auf die in Abschnitt 4.2 dargelegten Ausprägungen des Vollständigkeitsmerkmals zurückgegriffen. Das CAPM berücksichtigt in seiner Modellbildung die eine Ökonomie ausmachenden Bestandteile, so daß insofern auf der theoretischen Ebene von einer formalen Modellvollständigkeit gesprochen werden kann. Allerdings erfährt diese auf der praktischen Ebene hinsichtlich ihres Realitätsbezugs durch die getroffenen Annahmen starke Einschränkungen.

Die Wirtschaftssubjekte treten nur als Nachfrager nach am Markt bestehenden und exogen vorgegebenen Finanztiteln auf, so daß zum einen das Zustandekommen des Angebots und zum anderen seine mögliche Veränderung keine Berücksichtigung erfahren. Ebenso muß die Marktform mit dem unterstellten Preisbildungsprozeß im vollkommenen Wettbewerb nicht unbedingt wirklichkeitsnahen Finanzmärkten entsprechen wie dies auch für die Marktstruktur in Form der einen vollkommenen Markt ausmachenden Merkmale in noch stärkerem Maße gilt. Unabhängig davon, ob man die Rationalitätsprämisse und das μ-σ-Prinzip im Entscheidungsverhalten zu teilen gewillt ist,[262)] bleibt doch festzuhalten, daß die Erfassung der Unsicherheit auf nicht die Vielzahl von aufgrund unterschiedlichen Interessenlagen herrührenden zu berücksichtigenden Erwartungsbildungsprozessen beruht. Vielmehr führt die Homogenität der Erwartungsbildung im Ergebnis zu einem die Finanztitel nachfragenden Anleger als repräsentatives Individuum. Damit bleiben aber sonstige Interessenlagen wie die der Stakeholder gänzlich unberücksichtigt, weswegen, wie in Abschnitt 4.2 aufgeführt, auch von einer personellen Unvollständigkeit des CAPM zu sprechen ist.

---

262) Das Mean-Variance-Kriterium ist zusammen mit der unterstellten Normalverteilung der Finanztitelrückflüsse nutzenmäßig mit dem sogenannten Bernoulli-Prinzip, d.h. der Maximierung des erwarteten endvermögensabhängigen Nutzens, vereinbar, sofern vom sogenannten hybriden Modell ausgegangen wird. Dieses beinhaltet eine exponentielle Nutzenfunktion der Form u(w)=exp(-aw), wobei w das Endvermögen und $a \geq 0$ die individuelle Risikoaversion bezeichnet. Vgl. allgemein Bamberg, Günter und Coenenberg, Adolf G. (1994), S. 92-94. Man spricht bei diesen Nutzenfunktionen auch von der sogenannten HARA-Klasse (hyperbolische absolute Risikoaversion).

Betrachtet man die Struktur der Güter, d.h. der gehandelten riskanten Finanztitel sowie der Güter „Risiko“ und „Zeit“, so befindet man sich auf der Vollständigkeitsebene im Sinne der Finanzmarkttheorie. Nach deren in Abschnitt 4.2 dargelegter Auffassung von Vollständigkeit ist eine Erhöhung der Anzahl der durch die Auszahlungsstruktur von Finanztiteln erreichbaren Vermögenspositionen von Bedeutung, wodurch die Möglichkeit von Pareto-Verbesserungen oder sogar von Pareto-Effizienz bestehen.[263)] Da das CAPM aber nur in der Zwei-Zeitpunkte-Welt gilt, ist hinsichtlich der zeitlichen Ebene nicht jede gewünschte Vermögensposition durch das CAPM erfaßbar.[264)] Ähnlich gilt für das Risiko, daß dessen umfassende Eliminierung nur bei vollständig negativ korrelierten Finanztitelrückflüssen möglich ist, wohingegen andernfalls das systematische Risiko verbleibt. Insofern sind die Vermögenspositionen nur unter diesen Einschränkungen als vollständig zu bezeichnen.

Schließlich nimmt das CAPM auf der personellen Ebene keinerlei Differenzierung vor, da es modellimmanent von einem repräsentativen Investor ausgeht. Dessen Zielsetzung der Vermögensendwertmaximierung entspricht dabei der eindimensionalen Zielsetzung der Theorie der Unternehmung, so daß von daher das CAPM methodisch in einen neoklassischen Theorierahmen einzuordnen ist. Dagegen vernachlässigt das CAPM Personengruppen mit weiteren Zielsetzungen. Deshalb soll im nächsten Abschnitt eine Vervollständigung des CAPM erfolgen, die sowohl die Stakeholder als auch deren implizite Ansprüche einbezieht.

4.6.3 Die Vervollständigung des CAPM

Die Ausführungen zur Charakteristik impliziter Ansprüche einerseits und zum CAPM andererseits erfordern für die angestrebte Vervollständigung ein Modell, daß die folgenden Eigenschaften aufweisen sollte:

1. Die Werteadditivität sollte verletzt sein.
2. Die impliziten Ansprüche sollten in einer Bewertungsgleichung für Finanztitel als wertbeeinflussende Größe in Erscheinung treten.
3. Auf der personellen Ebene sind die die Stakeholder ausmachenden Merkmale bezüglich ihres Bedrohungspotentials zu berücksichtigen.

---

263) Das CAPM führt bei Vorliegen von linearen Risikotoleranzen in den endvermögensabhängigen Nutzenfunktionen zu Pareto-effizienten Vermögenspositionen. Vgl. Mossin, Jan (1973) Kapitel 6, insbesondere Abschnitt 6.12, wobei sich in diesen Fällen die entsprechenden Vermögenspositionen ohne Beimischung des risikolosen Finanztitels ergeben.

264) Vgl. für eine Einbettung der Vollständigkeit des CAPM in weitere Vollständigkeitskonzepte von Finanzmarkttheorien Wiesmeth, Hans (1990), insbesondere S. 1257.

Unabhängig von seiner sonstigen Eignung sollte ein Stakeholder-CAPM zumindest diesen Kritierienkatalog erfüllen, um den Anspruch erheben zu können, für die Vervollständigung um Stakeholder Ansprüche geeignet zu sein.

Mayers hat als erster eine formale Erweiterung des CAPM um sogenannte Nicht-marktfähige-Finanztitel vorgenommen.[265] Hierunter sind all diejenigen Finanztitel zu verstehen, die aufgrund technologischer Gegebenheiten, institutioneller Besonderheiten oder rechtlicher Beschränkungen einem Handel auf Märkten nicht zugänglich sind, wie beispielsweise Reputation, Vertrauen, Pensionsansprüche oder Humankapital und Know How. Diese Abgrenzung umfaßt damit auch diejenigen Finanztitel, bei denen eine Marktfähigkeit erreicht werden könnte – beispielsweise ließe sich denken, daß sich der Anspruch auf Pensionszahlungen an andere Personen abtreten ließe –; hiervon aber aus bestimmten Gründen Abstand genommen wird, weil entweder die damit verbundenen Aufwendungen unverhältnismäßig hoch wären oder weil dem moralische Gründe entgegenstünden.[266]

Unter gegenüber dem ursprünglichen CAPM unveränderten Annahmen führt Mayers Nicht-Marktfähige-Finanztitel mit den gleichen statistischen Kenngrößen wie im ursprünglichen CAPM ein. Er kommt dabei bezüglich der zentralen Gleichungen zu den folgenden Formeln:[267]

$$(1)\ \bar{R}_j = R_F + \left(\frac{(\bar{R}_M - R_F)\, P_{o,M}}{P_{o,M}\, var(M) + cov(M,S)\, P_{o,s}} \right) (P_{o,M}\, cov(j,M) + P_{o,s}\, cov(j,S))$$

$$(2)\ P_{o,j} = \frac{1}{1 + R_F} \left[\bar{P}_{1,j} - \left(\frac{(\bar{R}_M - R_F)\, P_{o,M}}{P_{o,M}\, var(M) + P_{o,s}\, cov(M,S)} \right) (cov(j,M) + cov(j,S)) \right]$$ [268]

---

[265] Mayers, David (1972), S. 223-248, wobei bereits Markowitz, Harry (1959) auf sogenannte exogene Finanztitel bei der Portfolioentscheidung aufmerksam macht.

[266] Für den Fall des Humankapitals weist Mayers, David (1972), S. 245, Fußnote 7, darauf hin, daß dieses nicht von den betreffenden Personen zu trennen sei und von daher nur im Falle des Sklaventums gehandelt werden könnte.

[267] Vgl. die Gleichungen (19) und (16) bei Mayers, David (1972) sowie die Darstellung bei Elton, Edwin J. und Gruber, Martin J. (1995), S. 325, insbesondere Fußnote 16. Für die Vervollständigung sind hier nur die Formeln der Gleichungen für die Wertpapiermarktlinie von Bedeutung.

[268] Mayers, David (1972) drückt die Kovarianzterme in Preisgrößen aus. Da jedoch, wie aus der Herleitung des ursprünglichen CAPM bekannt – Gleichung (14) des entsprechenden Anhangs –, $cov(P_j,P_M)=P_{0,j}P_{0,M}\ cov(R_j,R_M)$ gilt und die Preisverhältnisse relevant sind, läßt sich $P_{0,j}P_{0,M}$ geeignet normieren.

Zur besseren Vergleichbarkeit mit der ursprünglichen Renditegleichung läßt sich (1) auch schreiben als

$$(3)\ \bar{R}_j = R_F + \frac{(\bar{R}_M - R_F)}{var(M) + \frac{P_{o,S}}{P_{o,M}} cov(M,S)} \left(cov(j,M) + \frac{P_{o,s}}{P_{o,M}} cov(j,S) \right)$$

Zusätzlich zur bisherigen Notation sei hier mit R_S der Rückfluß aus dem Nicht-marktfähigen-Finanztitel bezeichnet bzw. im folgenden mit $\bar{R}_S$ und var(S) dessen Erwartungswert und Varianz bezeichnet. Ebenso bezeichnet $P_{0,S}$ den Preis dieser Finanztitel.

Der bisherige Marktpreis des Risikos $\lambda = \frac{\bar{R}_M - R_F}{var(M)}$ wird modifiziert um die Kovarianz R_M mit R_S, gewichtet mit $P_{0,S}$, bezogen auf den heutigen Preis des Marktportfolios. Unter der Annahme, daß R_M und R_S positiv korreliert sind,[269] sinkt der Marktpreis des Risikos. Allerdings hat sich mengenmäßig das Risiko von cov(j,M) um die Kovarianz R_j mit R_S – ebenfalls bezogen auf den heutigen Preis des Marktportfolios und gewichtet mit $P_{0,S}$ – erweitert, sofern man auch hier eine positive Korrelation zwischen R_j und R_S unterstellt. Damit lassen sich ohne weitere Annahmen keine weiteren Aussagen über die Veränderung der modifizierten Risikoprämie treffen.

Allerdings lassen sich für die Ansprüche der Stakeholder solche Annahmen gewinnen, wenn man die Charakteristik von impliziten Ansprüchen berücksichtigt. Aufgrund der fehlenden Separationsmöglichkeit impliziter Ansprüche von ihrem Basisobjekt, ist deren Wertentwicklung als positiv korreliert anzunehmen. Faßt man die im Modell von Mayers eingeführten Nicht-marktfähigen-Finanztitel als implizite Ansprüche auf, so ist nach der vorangegangenen Überlegung der Term cov(j,S) positiv, so daß die Mengenkomponente zunimmt. Folgt man dieser Analogie von impliziten Ansprüchen und Nicht-marktfähigen-Finanztiteln weiter, so gilt bezüglich des den impliziten Ansprüchen innewohnenden Risikos, daß dieses nicht im normalen portfoliotheoretischen Rahmen über Diversifikation zu verringern ist.[270] Deshalb ist im Falle eingeschränkter Diversifikationsmöglichkeiten eher von einer positiven Korrelation von R_M und R_S aus-

---

269) Die betreffenden Standardabweichungen seien bezüglich ihres Vorzeichens als identisch angenommen.

270) Vgl. die Ausführungen in Abschnitt 3.2.1.

zugehen. Infolgedessen soll die entsprechende Kovarianz als positiv angenommen werden, wodurch die Preiskomponente sinkt. Wie in der obigen allgemeinen Interpretation, sind damit auch bei der Übertragung auf die Stakeholder Ansprüche beide Effekte gegenläufig, so daß sich ohne zusätzliche Annahmen keine eindeutigen Aussagen treffen lassen.

Der aufgrund der in Abschnitt 3.2.3 aufgeführten Wertedeterminanten naheliegende Preissteigerungseffekt ergibt sich aus der Preisgleichung nur unter der Voraussetzung, daß der bei obigen Kovarianzannahmen aus cov(j,S) herrührende Preissenkungseffekt im Vergleich zur preissteigernd wirkenden Größe cov(M,S) nicht zu stark ausfällt. Dies wird zum einen davon abhängen, wie stark die Abhängigkeit zwischen impliziten Ansprüchen und Basisobjekt ist, und zum anderen davon, wie das Verhältnis zwischen Marktportfolio und der Gesamtheit Nicht-marktfähiger Finanztitel kovariiert.

Das vorgestellte Modell ist allerdings nur ein erster Schritt auf dem Weg zur angestrebten Vervollständigung in Hinsicht auf die impliziten Ansprüche. Diese Ansprüche stellen insofern Nicht-marktfähige-Finanztitel dar, als daß sie separat nicht handelbar sind. Aufgrund ihrer Verknüpfung mit den ihnen zugrundeliegenden Basisobjekten ergibt sich jedoch eine indirekte Marktfähigkeit, da es sich bei den Basisobjekten ja gerade um Güter oder Dienstleistungen handelt, mit denen die Unternehmung am Markt agiert. Allerdings ist zu berücksichtigen, daß hierdurch auch die Möglichkeiten der Risikodiversifikation beeinflußt werden. Bevor nun dieser Punkt Eingang in das Mayers-Modell zur weiteren Vervollständigung finden soll, sei als Vorarbeit der Frage nachgegangen, inwieweit die übrigen eingangs geforderten Eigenschaften bereits in seinem Modell berücksichtigt werden.

Die Werteadditivität läßt sich am besten über Gleichung (2) – verkürzt geschrieben als

$$(4) \qquad Po_j = \frac{1}{1 + R_F} \left[\bar{P}_{1,j} - \tilde{\lambda}\,(\text{cov}(j,M) + \text{cov}(j,S))\right] \text{ mit}$$

$$\tilde{\lambda} = \frac{(\bar{R}_M - R_F)\, P_{o,M}}{P_{o,M}\, \text{var}(M) + P_{o,s}\, \text{cov}\,(M,S)}$$

überprüfen. Bis auf die Terme $\bar{P}_{1,j}$, cov(j,M) und cov(j,S) können für die Überprüfung auf Werteadditivität alle übrigen Terme als konstant aufgefaßt werden, sofern der Einfluß von j aufgrund seines geringen Anteils an M als vernachlässigbar erachtet wird. Man erhält dann unter zweifacher Anwendung der in Abschnitt 4.6.2 aufgezeigten Beziehung von Kovarianzen

$$(5)\quad P_{o,i} + P_{o,j} = \frac{1}{1+R_F}\left[\bar{P}_{1,i} + \bar{P}_{1,j} - \tilde{\lambda}\,(\mathrm{cov}(i,M) + \mathrm{cov}(i,S) + \mathrm{cov}(j,M) + \mathrm{cov}(j,S))\right]$$

$$= \frac{1}{1+R_F}\left[\bar{P}_{1,i+j} - \tilde{\lambda}\,(\mathrm{cov}(i+j, M+S))\right]$$

$$= P_{o,i+j}$$

Das Modell von Mayers erfüllt somit die Werteadditivität, da das Hinzufügen eines weiteren Finanztitels – unabhängig davon, ob dieser marktfähig ist oder nicht – lediglich dazu führt, daß die relevanten Rendite- bzw. Preisgleichungen um die entsprechenden Kovarianzterme erweitert werden und diese mit dem jeweiligen Werteanteil marktfähiger und nicht-marktfähiger Finanztitel gewichtet werden.[271)]

Zusätzlich zu den Aussagen zur (Nicht-)Marktfähigkeit impliziter Ansprüche bleibt anzumerken, daß umgekehrt bei Abstellen auf die zu Anfang dieses Abschnitts getätigte Abgrenzung Nicht-marktfähiger-Finanztitel nicht jeder Nicht-marktfähige-Finanztitel gleichzeitig einen impliziten Anspruch darstellen muß. Vielmehr sind gerade aufgrund dieser nicht vollkommenen Kongruenz von Nicht-marktfähigen-Finanztiteln einerseits und impliziten Ansprüchen andererseits sowie aufgrund der Charakteristik letzterer die eingeschränkten Risikodiversifikationsmöglichkeiten angemessen zu berücksichtigen, indem das Bedrohungspotential der Stakeholder explizit aufgeführt wird. Dies soll nun mit dem folgenden Modellansatz geschehen.[272)] Zur Vereinfachung der Schreibweise werde Preisgleichung (2) wieder geschrieben als

$$(6)\quad P_{0,j} = \frac{1}{1+R_F}\left[\bar{P}_{1,j} - \tilde{\lambda}\,(\mathrm{cov}(j,M) + \mathrm{cov}(j,S))\right]$$

$$\text{mit } \tilde{\lambda} = \frac{(\bar{R}_M - R_F)\,P_{o,M}}{P_{o,M}\,\mathrm{var}(M) + P_{o,S}\,\mathrm{cov}\,(M,S)}$$

271) Vgl. die Interpretation von Gleichung (20) durch Mayers, David (1972), S. 230, der darüber hinaus annimmt, daß der heutige Preis $P_{0,S}$ des einzigen Nicht-marktfähigen-Finanztitels beobachtbar sei und damit als relevanten Risikoterm erhält: $P_{0,M}\mathrm{cov}(R_j,R_M)+P_{0,S}\mathrm{cov}(R_j,R_S)=\mathrm{cov}(R_j,P_{0,M}R_M+P_{0,S}R_S)$.

272) Der Ansatz beruht auf einem Vorschlag, der im Anhang B der Arbeit von Boatsman, James R. und Baskin, Elba F. (1981), die selbst eine lineare Transformation zwischen den verschiedenen Typen von Finanztiteln zugrundelegen, von einem anonymen Rezensenten aufgeführt worden ist. Allerdings wird von diesem nur auf das konventionelle CAPM Bezug genommen, d.h. vom Einfluß Nicht-marktfähiger-Finanztitel wird abgesehen, wodurch sich dort ebenfalls die Werteadditivität ergibt.

$\tilde{\lambda}$ entspricht damit dem modifizierten Marktpreis des Risikos im Mayers-Modell und ist unabhängig vom zu bewertenden Finanztitel j. Durch Auflösen unter Ausnützen der Kovarianzbeziehung nach dem Kovarianzenterm als abhängige Variable ergibt sich das systematische Risiko

$$(7) \qquad \text{cov}\,(j, M + S) = \frac{\bar{P}_{1,j} - P_{o,j}\,(1 + R_F)}{\tilde{\lambda}}$$

Nun werde ein weiterer Finanztitel k eingeführt mit der Eigenschaft, daß dessen Risikobeitrag zum Gesamtportfolio M+S betragsmäßig[273)] größer sei als der des Finanztitels j. Die Risikodifferenz werde durch einen Term I(b,w) erfaßt, so daß sich folgende zentrale Beziehung aufstellen läßt

$$(8) \qquad \text{cov}(j, M + S) + I(b,w) = \text{cov}(k, M + S)$$

Die Größe I sei als die personelle Vervollständigung durch die Stakeholder aufgefaßt, und zwar dergestalt, daß sich deren Verbundensein zu dem zu bewertenden Finanztitel als Funktion der in Abschnitt 3.1.4 dargestellten Identifizierungskriterien der Machtbasis b und des Machtausübungswillens w darstellen läßt. Da mit sich verstärkender Grundlage der Macht oder/und zunehmendem Willen, diese auszuüben, das Bedrohungspotential der Stakeholder für die Gesamtposition Unternehmung und damit auch für die sie ausmachenden Finanztitel ansteigt, wird sowohl $\frac{\partial I}{\partial b} > 0$ und $\frac{\partial I}{\partial w} > 0$ als auch $\frac{\partial^2 I}{\partial b \partial w} > 0$ und $\frac{\partial^2 I}{\partial w \partial b} > 0$ angenommen.

Setzt man für die Kovarianzterme der Finanztitel j und k die entsprechenden Gleichungen in (8) ein – für k gilt (7) analog – so erhält man

$$(9) \qquad \frac{\bar{P}_{1,j} - P_{o,j}\,(1 + R_F)}{\tilde{\lambda}} + I(b,w) = \frac{\bar{P}_{1,k} - P_{o,k}\,(1 + R_F)}{\tilde{\lambda}}$$

273) Hierdurch unterwirft man sich bezüglich des Terms I(b,w) keinerlei Vorzeichenrestriktionen.

Auflösen nach der Zielgröße $P_{0,j}$ ergibt

$$(10)\ P_{o,j} = P_{0,k} + \frac{\bar{P}_{1,j} - \bar{P}_{1,k}}{1 + R_F} + \frac{I(b,w)}{1 + R_F}\tilde{\lambda}$$

Setzt man schließlich für $P_{0,k}$ deren zu (6) analoge Gleichung ein, so erhält man als Ergebnis

$$(11)\ P_{o,j} = \frac{1}{1 + R_F}\left[\bar{P}_{1,j} - \tilde{\lambda}\left(\mathrm{cov}(k,M + S) - I(b,w)\right)\right]$$

Diese Preisgleichung ist eine Verallgemeinerung des ursprünglichen CAPM wie auch der von Mayers erweiterten CAPM-Version. Insofern enthält sie beide Modelle als Spezialfall. Das Mayers-Modell ergibt sich, indem I(b,w) gleich Null gesetzt wird und an Stelle des zusätzlich eingeführten Finanztitels k der zu bewertende Finanztitel j im Kovarianzenausdruck beibehalten wird. Man erhält dann die Preisgleichung in Gestalt von (4), wie sie zur Überprüfung der Werteadditivität benutzt wurde. Setzt man zusätzlich die in $\tilde{\lambda}$ und im Kovarianzenausdruck erscheinenden Größen über Nicht-marktfähige-Finanztitel $\bar{R}_S$ und var(S) gleich Null, so verschwinden die entsprechenden zusätzlichen Kovarianzterme, und man erhält wieder die ursprüngliche Preisgleichung des CAPM mit dem ursprünglichen Marktpreis des Risikos.

Zur Beurteilung der Vervollständigung des CAPM in obiger Form (11) wird nun überprüft, ob die eingangs des Abschnitts geforderten Eigenschaften erfüllt sind.

ad 1. Analog zur Vorgehensweise bei der Überprüfung der Werteadditivität im Mayers-Modell ergibt sich wegen der an I(b,w) gemachten Annahmen nun

$$(12)\ P_{o,i} + P_{o,j} = \frac{1}{1 + R_F}\left[\bar{P}_{1,i} + \bar{P}_{1,j} - \tilde{\lambda}\left(\mathrm{cov}(k,M + S) + \mathrm{cov}(l,M + S) - I_i(b,w) - I_j(b,w)\right)\right],$$

wobei der für den Finanztitel i erforderliche zusätzliche Finanztitel mit l bezeichnet werde. Die erneute Anwendung der Additionsregeln für Erwartungswerte und Kovarianzen ergibt schließlich

$$(13)\ P_{o,i} + P_{o,j} = \frac{1}{1 + R_F}\left[\bar{P}_{1,i+j} - \tilde{\lambda}\left(\mathrm{cov}(k + l,M + S) - I_i(b,w) - I_j(b,w)\right)\right] \neq P_{o,i+j},$$

falls

$$(14)\quad I_i(b,w) + I_j(b,w) \neq I_{i+j}(b,w)\ \text{gilt.}$$

Da I aber nicht nur von den beiden Einflußgrößen b (der Machtbasis) und w (dem Machtausübungswillen) positiv abhängt, sondern auch in den gemischten Ableitungen positiv ist, ist (14) aufgrund dieser Konvexitätseigenschaft erfüllt. Folglich ist (13) erfüllt, so daß (11) nicht die Eigenschaft der Werteadditivität aufweist.

ad 2. Implizite Ansprüche werden zum einen wie im Mayers-Modell durch die Nicht-marktfähigen-Finanztitel berücksichtigt, sofern diese im konkreten Bewertungsfall als implizite Ansprüche aufgefaßt werden können. Darüber hinaus ist aber der zusätzlich eingeführte Finanztitel k von Bedeutung. Aufgrund seines im Vergleich zum zu bewertenden Finanztitel j höheren Risikobeitrags zum Gesamtportfolio ergibt sich, daß das Gesamtportfolio im Gegensatz zum Marktportfolio nicht mehr auf dessen Risikoeffizienzlinie liegt. Dieses zusätzliche Risiko liegt zum einen in der fehlenden Diversifikationsmöglichkeit bei Vorhandensein impliziter Ansprüche begründet.

ad 3. Zum anderen ergeben sich durch die in der Person der Stakeholder liegenden Machtbasen und Machtausübungswillen mögliche Bewertungseffekte. Da bis auf das positive Steigungsverhalten I(b,w) keinerlei weitere Annahmen gemacht worden sind, ist insbesondere a-priori keine Aussage bezüglich des Vorzeichens von I(b,w) erforderlich.[274] Diese ergibt sich vielmehr aus dem Bewertungszusammenhang. An dieser Stelle kommt nun die in Abschnitt 3.1.4 recht weite Fassung der Stakeholderpersonengruppe zum Tragen. Das Bedrohungspotential wird von Quasi-Anspruchsgruppen über Gruppen mit hoher faktischer Macht bei vernachlässigbarem Willen, diese ausüben zu wollen, bis hin zu strategischen Anspruchsgruppen zunehmen. Je nach Höhe von I(b,w) wird dabei der Preiseffekt auf $P_{0,j}$ entweder positiv oder negativ ausfallen können. Dies hängt allerdings vom jeweiligen Finanztitel j ab, d.h. von dem mit diesem Finanztitel verbundenen Stakeholdern und deren Bedrohungspotential.

Da als Ausgangspunkt das Modell von Mayers gewählt wurde, ergibt sich wie bei ihm der gleiche Marktpreis des Risikos in Gleichung (11), weswegen die Ausführungen bezüglich der aufgrund der Kovarianz von R_M und R_S resultierenden Risikopreissenkungen bei Mayers im Vergleich zum ursprünglichen CAPM auch in der hier vorgestellten Modellvariante gelten. Ökonomische Begründung ist hierfür die in Abschnitt 4.4 über die Kapitalstrukturentscheidung dargelegte

---

274) Vgl. Fußnote 273.

Pufferfunktion impliziter Ansprüche. Der unveränderte Marktpreis des Risikos im Mayers-Modell steht allerdings auch im Einklang mit Gedanken des traditionellen CAPM. Dieses geht wie gezeigt von der Prämisse der Preisnehmerschaft aus und ist ein Modell, das bei gegebenem Angebot in Form des Marktportfolios und einer risikolosen Anlagemöglichkeit auf das Verhalten der Anleger abstellt, also nachfrageseitig angelegt ist. Durch den Einbezug von impliziten Ansprüchen von Stakeholdern in die vorgestellte Modellmodifikation nimmt die Mengenkomponente des Risikos zu. Dieser Mengeneffekt geht nach neoklassischem Gedankengut mit einer bei vollkommener Preiselastizität und fixem Angebot resultierenden Nachfragereaktion einher: Eine Preissenkung führt zu einer mengenwirksamen Nachfragesteigerung. Dieser Sachverhalt wird auch als das Gesetz der Nachfrage bezeichnet.[275)]

Mit dem vorgestellten Ansatz einer Vervollständigung des CAPM soll damit ein erster Schritt gegen den vorgebrachten Kritikpunkt einer fehlenden Bewertungstheorie des Stakeholder Ansatzes gemacht werden.[276)]

4.7 Gedanken zu einer praktischen Umsetzung

4.7.1 Verbindung zum theoretischen Teil

Einem sich auf die betriebliche Praxis stützenden Stakeholder Management mangelte es bislang an einer konkreten Bewertungsgrundlage, die Empfehlungen für unternehmerische Handlungen zu geben imstande gewesen wäre. Stattdessen wird auf das Instrument der Nutzwertanalyse zurückgegriffen,[277)] wobei implizit unterstellt wird, daß Stakeholder Ansprüche eine monetären Bewertungansätzen nicht zugängliche Investition darstellen. Vielmehr wird bei der Nutzwertanalyse von einem die jeweiligen Ansprüche erfassenden Zielsystem ausgegangen, für das der Bewerter, also die Unternehmensführung, Zielkriterien entwickeln muß. Diese Zielkriterien sind je nach Priorität und Wichtigkeit durch die Entscheidungsträger mit Hilfe von Skalierungsmethoden zu gewichten. So werden etwa Stakeholder mit einer hohen Machtbasis und einem hohen Aus-

---

275) Ausnahmen hiervon, wie das Giffen-Paradoxon, können bei einer Finanzmarktbetrachtung ausgeschlossen werden, da die aus den Finanztiteln resultierenden Rückflüsse Geldgrößen darstellen, die ihrerseits erst als Instrument zur Nutzenerzielung, wie beispielsweise durch den Kauf von Konsumgütern, dienen.

276) Vgl. Hachmeister, Dirk (1995), S. 33 und die Würdigung des Abschnitts 4.7.3.

277) Vgl. Janisch, Monika (1993) Kapitel 10.2 sowie zu der Vorgehensweise der Nutzwertanalyse Blohm, Hans und Lüder, Klaus (1995), S. 176-199.

übungswillen eine höhere Gewichtung erhalten als Stakeholder mit geringerem Bedrohungspotential. Die gewählte Skalierungsmethode, d.h. die zugrundeliegende kollektive Entscheidungsregel, bestimmt darüber hinaus das Maß der Zielerreichung, welches mit Hilfe einer Transformationsfunktion in einen Nutzwert überführt wird. Da in der Regel eine kardinale Skalierung erfolgt – beispielsweise durch die Borda-Regel – ergeben sich verfahrensbedingte Probleme. So ist eine kardinale Nutzenmessung in höherem Maße manipulationsanfällig als ein ordinales Nutzenkonzept.[278)] Ebenso ist die Festlegung der Zielkriterien und noch mehr der Zielgewichte willkürbehaftet, weswegen fraglich ist, ob ein Umweg der „Bewertung" von Stakeholdern über die Nutzwertanalyse überhaupt Sinn macht, wenn von vornherein eine a-priori Gewichtung erfolgt. Weiterhin weisen die Skalierungsverfahren Merkmalsmängel auf, da sie in der Regel bestimmte gewünschte Konsistenz-, Invarianz- und Monotonieeigenschaften nicht gleichzeitig besitzen.[279)] Schließlich erfolgt keine separate Risikobetrachtung im Zielsystem, da der Faktor Risiko nur über den Grad der Zielerreichung und die sich anschließende, ebenfalls manipulierbare Nutzenbewertung erfolgt.

Die Nutzwertanalyse hat also keinerlei marktgängiges und damit manipulationsfreies objektives Element in ihrem Vorgehen, weswegen sie für die betriebliche Unternehmensführung – ob mit oder ohne Stakeholderberücksichtigung – als ungeeignet gelten muß. Deswegen wird im folgenden Abschnitt analog zum methodischen Vorgehen des vorigen Abschnitts 4.6.3 versucht, implizite Ansprüche in ein Unternehmensführungsmodell einzugliedern, um zumindest eine engere Marktnähe zu erreichen. Hierzu wird die sogenannte Discounted-Cash-Flow Methode geeignet modifiziert, wodurch gleichzeitig eine Synthese zwischen dem in Abschnitt 2.2.2 bereits angesprochenen Shareholder Value Konzept und dem Stakeholder Ansatz erreicht werden soll („Shake"holder Value), zumal die Discounted-Cash-Flow Methode zumindest implizit von den gleichen Prämissen ausgeht, wie sie bei der Theorie der Unternehmung anzutreffen sind.

---

278) Beispielsweise mißt die Borda-Regel zwar eher die Nutzenintensität als die auf einem ordinalen Nutzenkonzept beruhende einfache Mehrheitswahl. Jedoch ist dafür die Borda-Regel äußerst manipulationsanfällig gegenüber strategischen Einflüssen.

279) Vgl. den Merkmalskatalog bei Spremann, Klaus (1991), S. 392-396 und die dort angegebene Literatur.

4.7.2 Ein Integrationsansatz von Shareholder Value und Stakeholder Konzept

Entstanden als marktwertausgerichtetes Unternehmensbewertungs- und -führungsinstrument zur erfolgreichen offensiven Abwehr feindlicher Unternehmensübernahmen, sogenannter Corporate Raiders, gewinnt ein auf Maximierung des Aktionärsvermögens (Shareholder Value) ausgerichtetets wertorientiertes strategisches Management zunehmend im außer-anglo-amerikanischen Wirtschaftsraum an Bedeutung.[280)] Finanzmarkttheoretischer Hintergrund ist dabei die Erkenntnis, daß Wertegefälle zwischen Markt- und Buchbewertung von Unternehmen bzw. daß Differenzen zwischen deren interner Verzinsung und deren Gesamtkapitalkosten ein Potential für Arbitragegewinne darstellen, die – zur Vermeidung feindlicher Übernahmen mit anschließender Veräußerung gewinnträchtiger und Liquidierung verlustbringender Unternehmenseinheiten – transaktionskostengeringer unternehmensintern ausgeglichen werden sollten. Zum aktionärsnutzensteigernden Ausschöpfen dieser Bewertungsdifferenzen vollzieht sich eine Shareholder Value Analyse in mehreren Schritten, die im folgenden jeweils um die relevanten Merkmale des bisher vorgestellten Stakeholder Konzepts erweitert bzw. angepaßt werden.

Zuerst erfolgt eine zweckentsprechende Abgrenzung der Bewertungseinheit. Diese kann entweder das Unternehmen an sich, d.h. den Finanztitel, ausmachen oder aber auf einzelne Unternehmensteile abstellen. Letzteres ist etwa der Fall, wenn die Unternehmung in Form einer Holding organisiert ist und die Analyse sich nur auf einen bestimmten operativen Geschäftsbereich beziehen soll. Allerdings ist auch auf Geschäftsbereichsebene eine weitere Abgrenzung unter Umständen erforderlich, wenn etwa nur ganz bestimmte für diesen Geschäftsbereich besonders relevante Stakeholdergruppen separat erfaßt werden sollen. Dabei ist zu beachten, daß das Bedrohungspotential einzelner Stakeholdergruppen sich teilweise gegenseitig neutralisieren kann, wenn die Interessenlagen der verschiedenen Gruppen nicht homogen sind. Dies ist beispielsweise bei Umweltschutzgruppen auf der einen und bei Lobbyistenverbänden auf der anderen Seite der Fall, wenn es darum geht, Rücknahmeerklärungen von Altfahrzeugen in der Automobilindustrie oder das Einhalten freiwillig gesetzter Umweltstandards in der chemischen Industrie durchzusetzen.[281)]

Der entscheidende Schritt ist die sich anschließende Bewertung der zuvor vorgenommenen Abgrenzung durch die sogenannte Discounted-Cash-Flow

---

280) Für die Bundesrepublik sei auf die Untersuchung von Bühner, Rolf (1993) verwiesen sowie Börsig, Clemens (1993), S. 88.

281) Ebenso wäre unter den Voraussetzungen des Abschnitts 4.3 mit einem Pareto-ineffizienten Ergebnis zu rechnen.

Methode, die eine international anerkannte analytische und überschußgrößenorientierte Bewertungsmethode und gleichzeitig das zentrale Element des Shareholder Value Ansatzes darstellt.[282)] Der Gedanke der Discounted-Cash-Flow Methode besteht darin, den sogenannten freien Cash Flow des Unternehmens mit einem risikoadäquaten und die Opportunitätskosten der Kapitalgeber widerspiegelnden Kapitalkostensatz auf den Bewertungsstichtag abzuzinsen.[283)] Voraussetzung hierfür ist die Reinvestierbarkeit, die isolierte Bewertung und die künftige Planbarkeit der freien Cash Flows.[284)] Hierdurch sollen umfassend alle wertebeeinflussenden Elemente des Unternehmens, seine Handlungen und daraus resultierend sein Wert erfaßt werden. Gleichzeitig werden die den jeweiligen nationalen Rechnungslegungsvorschriften innewohnenden Ansatz- und Bewertungswahlrechte und die sich hieraus ergebenden Manipulationsmöglichkeiten größtenteils ausgeschaltet. Das liegt darin begründet, daß die Bezugnahme auf Cash Flow Größen eine engere Ausrichtung auf nur mit dem laufenden betrieblichen Leistungsprozeß – das sogenannte operative Geschäft – in Zusammenhang stehende Zahlungsströme ermöglicht, da der Cash Flow dem kredit- und beteiligungsfreien Einzahlungsüberschuß entspricht[285)] und auf der Geldvermögensebene der Unternehmung ansetzt. Die Bewertungsmethodik des Discounted-Cash-Flow sieht im Rahmen einer Kapitalwertbetrachtung den Unternehmenswert als Differenz zwischen dem Wert des Gesamt- und des Fremdkapitals an. Der Wert des Fremdkapitals bestimmt sich dabei als abgezinster Cash Flow an die Fremdkapitalgeber, wobei ein Diskontierungssatz empfohlen wird, der dem jeweiligen Risikopotential der Zahlungsströme entspricht, d.h. ein Marktzins von Fremdkapitalanlagen mit ähnlichem Risiko und vergleichbaren Bedingungen kann hierfür verwendet werden.[286)] Da es sich bei diesen Zahlun-

---

282) Die Discounted-Cash-Flow Methode beruht auf der anglo-amerikanischen Sichtweise der Rechnungslegung, nach der im Unterschied zum deutschen Vorsichts- und Gläubigerschutzprinzip ein aus Sicht der Anteilseigner möglichst wahrheitsgetreues und realitätsbezogenes Bild unternehmerischer Aktivitäten vermittelt werden soll (True and Fair View). Sie hat durch die Anwendung im Shareholder Value Ansatz starke Verbreitung erfahren. Vgl. Börsig, Clemens (1993), S. 84.

283) Vgl. Copeland, Tom; Koller, Tim und Murrin, Jack (1993), S. 120-121 als deren Hauptvertreter.

284) Vgl. Süchting, Joachim (1995), S. 309 und 311.

285) Während dieser Definition des Cash Flow die sogenannte direkte Rechnung zugrunde liegt, ergibt sich der Cash Flow bei dem indirekten Verfahren als Jahresüberschuß + Abschreibungen + Veränderung der langfristigen Rückstellungen. Vgl. Perridon, Louis und Steiner, Manfred (1993), S. 483-484. Allgemein läßt sich der Cash Flow als Jahresüberschuß zuzüglich aller nicht auszahlungswirksamen Ausgaben bzw. Aufwendungen und abzüglich aller nicht einzahlungswirksamen Einnahmen bzw. Erträge auffassen, wodurch eine Rückführung des Jahresüberschusses auf die Zahlungsmittelebene erfolgt.

286) Vgl. Copeland, Tom; Koller, Tim und Murrin, Jack (1993), S. 125.

gen um vertraglich fixierte, also explizite Ansprüche handelt und die Beteiligungsansprüche als Wertemaßstab für die Unternehmensführung dienen, entfällt ein Einbezug von Stakeholderinteressen bei der Fremdkapitalbewertung.

Der Wert des Gesamtkapitals ergibt sich als Gegenwartswert zukünftiger freier Cash Flows, wobei diese zukünftigen Zahlungsreihen in zwei Perioden aufgeteilt werden. Nach einer Phase, in der detailliert prognostizierbare Cash Flows zugrunde gelegt werden, schließt sich eine zweite Phase an.[287] Diese wird durch einen Fortführungswert erfaßt, der sich dadurch auszeichnet, daß er einen konstanten Perioden-Cash-Flow – in der Regel den modifizierten des letzten Jahres der Detailprognose – annimmt und die Wachstumsrate der Unternehmung berücksichtigt.[288]

Der freie Cash Flow stellt denjenigen Finanzmittelüberschuß dar, der zur Zahlung von Dividenden, Fremdkapitalzinsen, Tilgung von Krediten und sonstigen vertraglichen, die Eigen- und Fremdkapitalgeber betreffenden Zahlungen zur Verfügung steht.[289] Sie ergeben sich bei – aufgrund des Abzugs zukünftiger Gesamtinvestitionen – unterstellter ausschließlicher Eigenfinanzierung des Finanzbedarfs aus dem operativen Ergebnis vor Steuern und Zinsen, indem die in der folgenden Tabelle aufgeführten Modifikationen in Nominalwerten durchzuführen sind:[290] Operatives Ergebnis vor Zinsen und Steuern

./. Fiktive Ertragssteuern
= Operatives Ergebnis nach Steuern
+ Abschreibungen
= Brutto Cash Flow
./. Zunahme im Netto-Umlaufvermögen (Working Capital)

---

287) Im Unterschied dazu geht die in Deutschland vorherrschende Ertragswertmethode, wie sie vom Hauptfachausschuß des Instituts der Wirtschaftsprüfer empfohlen wird, von einer zeitlichen Dreiteilung aus, weswegen auch von einer Drei-Phasen-Methode gesprochen wird.

288) Vgl. zu den Annahmen bei der Berechnung des Fortführungswertes Bühner, Rolf und Weinberger, Hans-Joachim (1991), S. 193. Eine alternative Berechnung des Fortführungswertes auf Grundlage des operativen Ergebnisses nach Steuern findet sich im Anhang zu diesem Abschnitt.

289) Jensen, Michael C. (1986), S. 323 spricht im Rahmen seiner Free Cash Flow Theorie vom Überschuß über den normalen Cash Flow, der zur Finanzierung aller zum Kapitalkostensatz abdiskontierten Projekte mit positivem Kapitalwert erforderlich ist. Im Sinne einer gerundiven, d.h. opportunitätskostenvergleichenden Bewertung sind damit Projekte mit positivem Kapitalwert gemeint.

290) Vgl. Jonas, Martin (1995), S. 87. Die Drei-Phasen-Methode geht im Gegensatz dazu von Realwerten und Fremdfinanzierung aus und muß deshalb Inflationsabschläge berücksichtigen. Ebenso unterstellt sie eine Vollausschüttung der Überschüsse.

./. Investitionen
./. Veränderung sonstiger Vermögensgegenstände
= Operativer freier Cash Flow
+ Nicht operativer Cash Flow
= Freier Cash Flow

Die summarische Aufteilung in operativen und nicht-operativen Cash Flow zeigt die Shareholder Value gerechte Ausrichtung der Discounted-Cash-Flow Methode sowohl auf die Unternehmensführung bezüglich der normalen Geschäftstätigkeit (operative Ebene) als auch auf die Unternehmensbewertung mit darüber hinausgehenden nicht operativen Faktoren.[291)] Aufgrund dieser Aufteilung sind auch die Kapitalkosten, d.h. die Renditeanforderungen der jeweiligen Kapitalgeber bzw. die aus der Unternehmenstätigkeit zu erwirtschaftende Mindestverzinsung, in geeigneter Form zu berücksichtigen.[292)] Dies geschieht mittels der nach Kapitalgeberanteilen gewichteten durchschnittlichen Kapitalkosten. Diese im englischen Sprachgebrauch Weighted Average Capital Costs (WACC) genannten Opportunitätskosten dienen als Diskontfaktor der zuvor ermittelten zukünftigen freien Cash Flows.[293)]

Der bisherige Sachverhalt läßt sich durch die folgende Bewertungsformel darstellen.

$$(1) \quad E = \sum_{t=0}^{T} \frac{FCF_t}{(1 + WACC)^t} + \frac{FCF_{>T}}{WACC\text{-}g} \text{ mit}$$

$$(2) \quad WACC = r_E \frac{E}{V} + r_D \frac{D}{V} (1 - s)$$ [294)]

Diesen beiden Gleichungen liegt die folgende Notation zugrunde.

E, D, V: Marktwert des Eigen-, des Fremd- und des Gesamtkapitals; d.h. der Marktwert der Unternehmung ergibt sich bei Werteadditivität als Summe der Marktwerte der Eigen- und Fremdkapitalparten (V=E+D).

---

291) Rappaport, Alfred (1986) verzichtet auf diese Aufteilung, indem er den operativen Cash Flow verwendet. Man spricht auch vom Ergebnis der gewöhnlichen Geschäftstätigkeit, das bei Industrieunternehmen das operative und das sogenannte Finanzergebnis beinhaltet.

292) Vgl. Bühner, Rolf (1990), S. 42 sowie Jonas, Martin (1995), S. 88.

293) Vgl. Copeland, Tom; Koller, Tim und Murrin, Jack (1993), S. 124 sowie die formale, auf der Arbitragefreiheitsbedingung beruhende Ableitung im Anhang zu diesem Abschnitt.

294) Brealey, Richard A. und Myers, Stewart C. (1996) sprechen von der Textbuchformel.

r_E, r_D, r_V: Kapitalkostensätze bzw. Rendite(anforderungen) für E, D und V

FCF_t: Freier Cash Flow der Periode t, wobei $t \in [0;T]$ den Zeitraum während (erster Summand in (1)) und >T den Zeitraum nach (zweiter Summand in (1)) der Detailprognose, also den Fortführungswert, berücksichtigt.

g: Wachstumsrate freier Cash Flows

s: Relevanter Ertragssteuersatz, wobei aufgrund des Anrechungsverfahrens in Deutschland im Gegensatz zu den USA keine steuerliche Bevorzugung der Fremdfinanzierung beim Shareholder erfolgt. Deswegen kann für deutsche Verhältnisse s=0 gesetzt werden,[295)] bzw. man erfaßt durch s sonstige steuerliche oder andere monetäre Vorzüge der Fremd- gegenüber der Eigenfinanzierung.

Die Integration von Stakeholderinteressen in die Shareholder Value Analyse geschieht nun zweckmäßig über deren Einbezug in die WACC. Zwar beruhen sowohl Fremd- als auch Eigenkapitalkosten auf expliziten Ansprüchen, doch basieren diese wiederum im Falle der Renditeansprüche der Eigenkapitalgeber auf variablen Erfolgsgrößen, während die Fremdkapitalgeber vertraglich feste Zahlungen bezüglich Höhe und Zeitpunkt beanspruchen können, die zudem hinsichtlich ihrer Erfüllung eine Vorrangigkeit vor den Eigenkapitalgeberansprüchen genießen. Deswegen ist eine Aufteilung bzw. Unterscheidung zwischen beiden Personengruppen bei variablen Erfolgsgrößen eher angeraten. Desweiteren werden die Eigenkapitalkosten bei der Discounted-Cash-Flow Methode mit Hilfe des CAPM ermittelt,[296)] weswegen hier eine methodische Verbindung bezüglich beider Personengruppen zum Abschnitt 4.6 besteht. Schließlich ist die Zielvorschrift des Shareholder Value die Maximierung der Eigenkapitalrendite, so daß auch über die hierdurch implizit getroffene Verhaltensannahme eine Integration angestrebt werden kann. Durch diese Begründungen soll zudem deutlich geworden sein, daß unter Integration beider Anspruchsgruppen eher eine „harmonische“ Synthese verstanden wird (im Sinne einer *Mit*berücksichtigung impliziter Stakeholder Ansprüche) als ein unauflöslicher Interessengegensatz.

Problematisch bei den WACC ist deren innere Abhängigkeit. Zur Bestimmung der einzelnen Kapitalanteile ist deren Bewertung erforderlich, was aber gleich-

---

295) Vgl. Jonas, Martin (1995), S. 93-94, der statt dessen für s die Hälfte der Gewerbeertragssteuerbelastung ansetzt, da die Hälfte der Dauerschuldzinsen Gewerbeertragssteuer abzugsfähig ist.

296) Dieser kalkulatorische Gewinnbedarf wird im Rahmen der Shareholder Value Analyse auch als Hurdle Rate bezeichnet. Vgl. Becker, Gernot M. (1995), S. 123. r_E in (2) wird also durch die CAPM-Renditegleichung bestimmt.

zeitig die vorherige Berechnung der WACC erfordert. Diese Zirkularität von WACC und Kapitalwerten[297] praktisch zu umgehen geschieht durch Vorgabe einer Zielkapitalstruktur.[298] Dabei muß allerdings berücksichtigt werden, daß die Kapitalstruktur der Unternehmung im Zeitablauf Veränderungen unterliegt als Folge von Kapitalveränderungsmaßnahmen, wie beispielsweise Thesaurierungs- und Dividendenpolitik, von ordentlichen, bedingten, genehmigten Kapitalerhöhungen oder Kreditaufnahmen, aber auch von Abschreibungs- und Rückstellungspolitik. Unterstellt man zum einen, daß der Großteil obiger Finanzierungspolitiken konstant verläuft[299] und zum anderen, daß das Einhalten bestimmter Finanzkennzahlen eine annähernd gleichbleibende Kapitalstruktur erfordert,[300] so erscheint die Auffassung von einer Zielkapitalstruktur in der Praxis gerechtfertigt.

Entsprechend der Vorgehensweise in Abschnitt 4.6.3, aber ausgehend von der normalen CAPM-Renditegleichung, gilt für eine Bewertungseinheit j und einen impliziten Anspruch k die folgende Kovarianzbeziehung, wobei I(b,w) das zusätzliche stakeholderbezogene Risiko erfasse.[301]

$$(3) \quad cov(j,M) + I(b,w) = cov(k,M), \text{ bzw. ausführlich}$$

$$(4) \quad \frac{\bar{R}_j - R_F}{\bar{R}_M - R_F} var(M) + I(b,w) = \frac{\bar{R}_k - R_F}{\bar{R}_M - R_F} var(M)$$

Aufgelöst nach $\bar{R}_j$ ergibt sich

$$(5) \quad \bar{R}_j = \bar{R}_k - \frac{\bar{R}_M - \bar{R}_F}{var(M)} I(b,w),$$

297) Vgl. Jonas, Martin (1995), S. 95.

298) Vgl. Copeland, Tom; Koller, Tim und Murrin, Jack (1993), S. 194.

299) Das gilt insbesondere für die Dividendenpolitik mit ihrer Signalfunktion für den Unternehmenserfolg und mit ihrer steuerlichen Berücksichtigung bestimmter Aktionärsgruppen (Klienteleffekt), wobei allerdings die häufig anzutreffende Politik einer zeitlich konstanten Ausschüttung dem ertragsorientierten und damit zeitlich ausschüttungsvariablen Gedanken des Shareholder Value widerspricht.

300) So zeigt die Untersuchung von Beaver, William H. (1966), daß neben dem Verschuldungsgrad auch andere Finanzkennzahlen von nicht vom Konkurs bedrohten Unternehmen im Zeitablauf als annäherend konstant anzusehen sind.

301) Die Notation entspricht weiterhin der im Abschnitt 4.6 eingeführten Schreibweise. Ebenso gelten die CAPM-Annahmen.

und das Ersetzen von $\bar{R}_k$ durch die für k geltende CAPM-Renditegleichung führt unter Berücksichtigung des Marktpreises des Risikos zu

$$(6) \quad \bar{R}_j = R_F + \lambda\,[\text{cov}(k,M) - I(b,w)]$$

Diese Gleichung besitzt die in Abschnitt 4.6.3 dargelegten Eigenschaften, da das dort vervollständigte Modell das hier zugrunde gelegte ursprüngliche CAPM als Spezialfall enthält. Insbesondere gilt weiterhin, daß die Werteadditivität verletzt bleibt[302)] und $P_{o,j}$ nur indirekt über eine j betreffende Größe abhängt, nämlich über das Marktportfolio M, dessen Gesamtheit der Finanztitel j mit ausmacht, und über k als den zu j gehörenden impliziten Anspruch. Schließlich wird die – trotz unterschiedlicher Marktpreise des Risikos – negative Abhängigkeit von $P_{0,j}$ und $\bar{R}_j$ untereinander ersichtlich.

Gleichung (6) in (2) eingesetzt ergibt eine modifizierte WACC-Gleichung.[303)]

$$(7) \quad \text{WACC} = \{R_F + \lambda\,[\text{cov}(k,M) - I(b,w)]\}\,\frac{E}{V} + r_D\,\frac{D}{V}$$

Über die in der geschweiften Klammer stehenden Eigenkapitalkosten lassen sich aufgrund des Terms I(b,w) keine quantitativen Vergleichsaussagen zur ursprünglichen CAPM-Renditegleichung treffen. Allerdings läßt sich in qualitativer Hinsicht feststellen, daß die Risikomenge eine Modifikation um I(b,w) erfährt, wodurch nicht nur die Verletzung der Werteadditivitätseigenschaft gewährleistet wird, sondern gleichzeitig eine komponentenweise Zerlegung der Risikomenge in die Terme cov(k,M) und I(b,w) erreicht wird. Ebenso wird durch den gewählten Ansatz sichergestellt, daß sich Veränderungen im Umfang bestehender impliziter Ansprüche nicht nur in den freien Cash Flows niederschlagen, sondern auch und bereits im Diskontfaktor. Hierdurch läßt sich insbesondere der Fall erfassen, wenn eine unternehmerische Handlung, beispielsweise eine Investition j, aufgrund ihres Risikos bei vernachlässigbaren erwarteten Rückflüssen zu sinkenden Unternehmenswerten führt und dabei keine Korrelation zwischen dieser Handlung und dem Marktportfolio besteht.[304)] Der Grund

---

302) Die Preisgleichung lautet - über die Beziehung $\bar{R}_j = \frac{\bar{P}_{1,j}}{P_{o,j}\ -1} - 1$ -

$$P_{o,j} = \frac{\bar{P}_{1,j}}{1 + R_F + \lambda\,(\text{cov}(k,M) - I(b,w))}\,.$$

303) Die Größe s aus (2) ist der Vereinfachung halber auf Null gesetzt.

304) Bei Anwendung des normalen CAPM und ohne Modifizierung der freien Cash Flows erführe der Unternehmenswert in der dargestellten Situation aufgrund der einseitigen Betonung des systematischen Kovarianz- anstelle des Gesamtrisikos dagegen keine Veränderung. Vgl. Cornell, Bradford und Shapiro, Alan C. (1987), S. 7, sowie Shapiro, Alan C. und Titman, Sheridan (1985), S. 52 und 41-42.

hierfür ist, daß der in diesem Szenario im normalen CAPM aufgrund fehlender Korrelation verschwindende cov(j,M)-Term entsprechend ersetzt wurde.

Schließlich gilt es, die mit impliziten Ansprüchen zunehmende Verschuldung zu berücksichtigen. Unterstellt man eine im Vergleich zur Eigenfinanzierung kostengünstigere Fremdfinanzierung,[305] so läßt sich solange eine Erhöhung der Eigenkapitalrendite erzielen, wie die Gesamtkapitalrendite über dem Fremdkapitalzins liegt. Durch diese Hebelwirkung einer „preiswerten" Verschuldung nimmt zwar einerseits $\frac{D}{V}$ zu (bzw. $\frac{E}{V}$ ab), jedoch wird dieser Effekt kompensiert durch ein geringeres r_D (bzw. höheres r_E). Insofern bleibt der Einfluß auf die WACC unbestimmt.

Nachdem die Kapitalkosten bestimmt worden sind, werden diese Soll-Werte den tatsächlich erzielten Ist-Werten gegenübergestellt. Dabei ist ein Vergleich entweder auf Basis der Gesamtkapitalkosten, d.h. der WACC, möglich, oder man beschränkt sich, den Gedanken des Shareholder Value folgend, auf die um die Stakeholder Ansprüche erweiterten Rendite-Mindestanforderungen der Eigenkapitalgeber. In diesem Fall ergibt sich der Ist-Wert als ex post erzielte Eigenkapitalrendite aus dem Quotienten aus erwirtschaftetem Cash Flow der betreffenden Bewertungseinheit und dem auf sie entfallenen Eigenkapital.[306] Da aber die Verschuldungsverhältnisse der einzelnen Bewertungseinheiten differieren werden und aus allokationstheoretischer Sicht bei einem bis auf die Rechtsstellung der Kapitalgeber homogenen Faktor Kapital eine Gesamtfaktorbetrachtung sinnvoll erscheint, wird hier auf die Gesamtkapitalkosten Bezug genommen. In diesem Fall werden nämlich die WACC aufgefaßt als erwartete interne Verzinsung und mit der tatsächlich erzielten internen Verzinsung verglichen.[307] Ein Wertebeitrag der betreffenden Bewertungseinheit ergibt sich, falls die tatsächlich erzielte interne Verzinsung – in Form des Cash Flow Return-on-Investment, d.h. des auf das investierte Kapital erzielten Einnahmenüberschusses –[308] über den Gesamtkapitalkosten liegt und dann diese Spread genannte Differenz mit dem

---

[305] Beispielsweise aufgrund von steuerlichen Bevorzugungen des Fremdkapitals, wobei dann $s > 0$ anzusetzen wäre.

[306] Vgl. Becker, Gernot M. (1995), S. 123.

[307] Vgl. Bühner, Rolf (1993), S. 754-755, der die tatsächlich erzielte interne Verzinsung durch Zerlegung in wertbestimmende Faktoren errechnet als Umsatzüberschußrate · (1 - Cash Flow-Steuersatz) ÷ (Erweiterungsinvestitionsrate im Working Capital und im Anlagevermögen).

[308] Beispielsweise verwendet die Bayer-AG den Cash Flow Return-on-Investment als Meßlatte ihrer auf Shareholder Value angelegten Unternehmenspolitik. Vgl. Bayer-AG (Hrsg.) (1996), S. 16-17.

eingesetzten Kapital multipliziert wird.[309)] Man spricht dann von einem Economic Value Added im Rahmen einer Marking-to-Market Bewertung,[310)] der auch dann entsteht, falls zwischen kalkulatorischem Marktwert, wie er als Shareholder Value über (1) in Verbindung mit (7) ermittelt werden kann, und dem bilanziellen Buchwert eine positive Differenz besteht.

Um diese Wertedifferenz oder Lücke auszugleichen und damit im Sinne des Shareholder Value wie auch der Stakeholder Ansprüche eine Wertsteigerung zu erwirtschaften, sind vielfältige unternehmerische Planungs-, Steuerungs- und Kontrollmechanismen erforderlich. Wichtig ist dabei, daß bereits bei der Planung eine Orientierung am Konzept einer Shareholder wie Stakeholder gerechten Unternehmenswertsteigerung erfolgt. Voraussetzung für dieses auch Value Based Planning genannte Vorgehen[311)] ist die bereits im ersten Schritt genannte zweckmäßige Abgrenzung der jeweiligen Bewertungseinheiten. Dabei darf allerdings, was die Steuerung betrifft, nicht in den Fehler verfallen werden, Bewertungseinheiten ohne positiven Wertebeitrag bzw. bei negativem Spread bedingungslos zu veräußern. Eine Liquidation erscheint nur angebracht, falls es sich weder um gegenwärtig und zukünftig betriebsnotwendige Bewertungseinheiten handelt, noch diese Bewertungseinheiten einen signifikanten Einfluß auf Stakeholder anderer Bewertungseinheiten ausüben. Ansonsten muß versucht werden, durch geeignete Restrukturierungsmaßnahmen in diesen Bewertungseinheiten in angemessenem zeitlichen Rahmen einen positiven Wertebeitrag erwirtschaften zu lassen. Gerade in diesem Fall ist eine begleitende Kontrolle der Werteentwicklung unerläßlich, um Fehlentwicklungen rechtzeitig zu begrenzen und entgegenzuwirken.

Im Falle eines bereits bestehenden Wertebeitrags lassen sich verschiedene Wertsteigerungsmaßnahmen anführen. So läßt sich zwischen unternehmungsinternen Verbesserungsmaßnahmen im strategischen und im operativen Bereich, externen Maßnahmen wie Akquisitionen, Fusionen und Beteiligungsverkauf sowie finanziellen Umstrukturierungsmaßnahmen und steuermindernden Transaktionen unterscheiden.[312)] Insbesondere letztere Maßnahmen sind im Zusam-

---

309) Bühner, Rolf (1993), S. 755-758 zeigt in seiner Untersuchung, daß von 50 großen deutschen Aktiengesellschaften zwar 92% eine positive interne Verzinsung, aber nur 62% einen positiven Spread erwirtschaften.

310) Vgl. Becker, Gernot M. (1995), S. 123-124.

311) Vgl. Guatri, Luigi (1994), S. 44.

312) Copeland, Tom; Koller, Tim und Murrin, Jack (1993), Kapitel 9, insbesondere S. 260 sprechen im Rahmen dieser Maßnahmen vom Pentagonkonzept, da dieser dreistufige Maßnahmenkatalog die Wertelücke zwischen tatsächlichem und optimalem Unternehmenswert überbrücken soll.

menhang mit impliziten Ansprüchen von Bedeutung, wenn man die mit ihnen einhergehende Zunahme einer Fremdkapitalisierung und daraus folgend die in der Regel damit verbundene steuerliche Bevorzugung des Fremdkapitals berücksichtigt. Zwar mag diese Maßnahmeneinteilung konzeptionelle Vorzüge bezüglich der unternehmerischen (Umwelt-)Abgrenzung bieten, jedoch vernachlässigt sie die funktionalen Wirkungszusammenhänge und die konkreten Arten von Wertedifferenzen bzw. deren Aufdeckung und Umsetzung.

Der funktionale Wirkungszusammenhang wird durch die folgende Abbildung 8 verdeutlicht, die neben den operativen im freien Cash Flow resultierenden Entscheidungen als Ausgangspunkt die auch in dieser Arbeit hervorgehobenen Finanzierungs- (Kapitalstruktur) und Investitionsentscheidungen (CAPM) nimmt. Das Unternehmensziel eines maximalen Shareholder Value unter Einbezug der Stakeholderinteressen in Form der in diesem Abschnitt vorgestellten Unternehmensbewertung mittels der Discounted-Cash-Flow Methode ergibt sich dann durch die Share- und Stakeholder gerechte Gestaltung der wertbestimmenden Faktoren, die ihrerseits die Bewertungskomponenten für das Aktionärseinkommen determinieren.

Abbildung 8: Shareholder Value Network

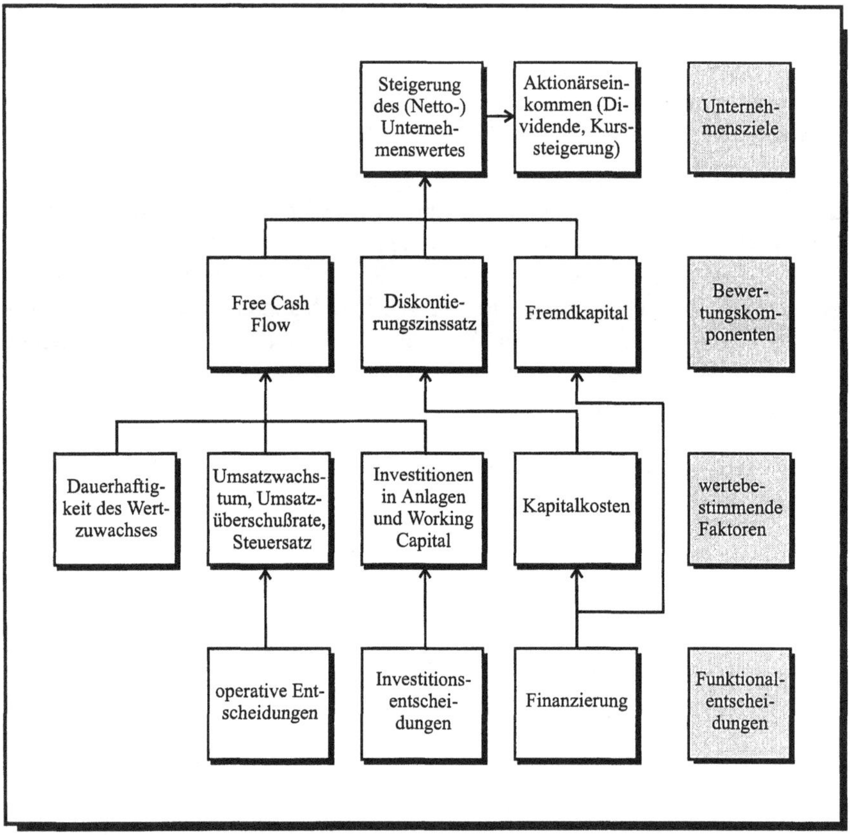

Quelle: Rappaport, Alfred: Creating Shareholder Value – The New Standard for Business Performance, New York et al. (1986), S. 76.

Vor allem soll durch diese Darstellung verdeutlicht werden, daß die für eine Integration von Shareholder- wie von Stakeholderinteressen relevanten Komponenten identisch sind, weswegen im Rahmen dieser Arbeit dem Stakeholder Ansatz gerecht werdende Modifikationen bestehender Theorien und keine Neuformulierung einer separaten Stakeholdertheorie erfolgt sind. Gleiches gilt für die folgende Abbildung 9,[313] die konkrete Quellen von Wertedifferenzen aufzeigt,

---

313) Vgl. Gomez, Peter und Weber, Bruno (1989), S. 54.

indem sie den wertbestimmenden Faktoren – Wertgeneratoren hier genannt – Nutzenpotentiale gegenüberstellt. Insbesondere die Nutzenpotentiale Markt und Menschen sind hier aus Stakeholdersicht für die Unternehmung von Bedeutung.

Abbildung 9: Valcor-Matrix

Nutzenpotentiale / Wertgeneratoren	Markt	Beschaffung	Menschen	Logistik/ Informatik	Übernahme/ Restrukturierung
Umsatzwachstum	- Neue Produkte - Mix-Verbesserung - Shop in the Shop - Neue Angebotsformen	- Rückwärtsintegration	- Incentives - Ausbildungszentren - Neuer Verkäufertyp	- Kundenbindung, Service - Neue Zahlungssysteme	- Auslandsakquisitionen
Cash Flow-Marge	- Preispolitik - Absatzförderung - Sortiments-Mix	- Rückwärtsintegration - Einkaufsmarketing	- Flexible Arbeitsformen - Öffnungszeiten - Schulung	- Gemeinkostenwertanalyse - Automatisierung	- Abbau Overhead - Synergien
Investitionen - Umlaufvermögen - Anlagevermögen	- Flächenanalyse - Sell and lease back	- Investition/ Desinvestition Produktionsanlagen	- Aufbau Managementkapazität (strategische Reserven)	- Kreditoren-, Debitoren-, Lager-management	- Verkauf nicht betriebsnotwendiger Teile
Kapitalkosten	- Leverage	- Ausnutzung Bonitätspotential	- Finanzspezialisten	- Cash-Management	- Leverage
Ertragssteuerrate	- Trennung Grosso/ Detail	- Zentrale Einkaufsgesellschaft	- Steuerberater	- Optimale Datenstrukturen	- Goodwill-behandlung

Quelle: Gomez, Peter und Weber, Bruno: Akquisitionsstrategie – Wertsteigerung durch Übernahme von Unternehmen, Stuttgart et al. (1989), S. 54.

Wenn, bezogen auf den jeweiligen Bewertungszeitpunkt, alle Wertedifferenzen ausgeschöpft sind, liegt im statischen Sinne ein globales Optimum vor. Realistischerweise sind allerdings lokale Optima in dem Sinne anzunehmen, daß sich zum einen im Zeitablauf neue Differenzen ergeben können und zum anderen die einzelnen Stakeholdergruppen, wie in Abschnitt 3.1.4 aufgezeigt, zeitlichen Veränderungen unterworfen sind.

Anhang: Herleitung der WACC[314)] und einer alternativen Fortführungswertformel[315)]

Der Barwert NPV der Nettoneuinvestitionen mit konstanten Cash Flows, die sowohl eigen- als auch fremdfinanziert werden, läßt sich bei gegebenen Investitionskosten I schreiben als

$$(1) \quad NPV=E+D-I$$

Nach Abzug des Fremdkapitaldienstes und der Steuern vom operativen Ergebnis G vor Steuern und Zinsen ergibt sich der Beteiligungsbarwert der Shareholder als

$$(2) \quad E=\frac{(G - r_D D)}{r_E}(1 - s)$$

Einsetzen von (2) in (1) ergibt

$$(3) \quad NPV=\frac{(G - r_D D)}{r_E}(1 - s) + D - I$$

Alternativ läßt sich NPV darstellen, indem man mittels der WACC die Fremdkapitalkosten im Abzinsungsfaktor – anstelle über s und D – berücksichtigt.

$$(4) \quad NPV=\frac{G(1 - s)}{WACC} - I$$

Gleichsetzen von (3) und (4) ergibt unter Auflösen nach den WACC

$$(5) \quad WACC=\frac{r_E G(1 - s)}{G(1- s) - r_D D (1 - s) + r_E D},$$

die sich unter Berücksichtigung von V=E+D und

$$(6) \quad G(1-s)=r_E E+r_D D(1-s)$$

---

314) Vgl. Kolb, Robert W. und Rodriguez, Ricardo J. (1995), S. 329-331.

315) Vgl. Copeland, Tom; Koller, Tim und Murrin, Jack (1993), S. 399-400.

aus (1) zur endgültigen WACC-Formel vereinfachen läßt.

$$(7) \quad WACC = r_E \frac{E}{V} + r_D \frac{D}{V}(1 - s)$$

Anstelle der Verwendung von FCF-Größen läßt sich der Fortführungswert auch auf Grundlage des operativen Ergebnisses nach Steuern schreiben als

$$(8) \quad \text{Fortführungswert} = \frac{FCF_{>T}}{WACC - g}$$

$$= \frac{G(1 - s)\left(1 - \frac{g}{r}\right)}{WACC - g}$$

mit g: Wachstumsrate des operativen Ergebnisses

und r: Rendite.

Um die Gleichheit beider Fortführungswertformeln zu zeigen, ist aufgrund der identischen Nenner die Übereinstimmung der Zähler zu zeigen. Definiert man den freien Cash Flow als Differenz zwischen operativem nach-Steuer-Ergebnis und Nettoneuinvestitionen als

$$(9) \quad FCF=G(1-s)-NPV$$

und unterstellt eine im Zeitablauf konstante Rendite r auf das investierte Kapital, so läßt sich für zwei Perioden T+1 und T+2 schreiben

$$(10) \quad [G(1 - s)]_{T+2} = [G(1 - s)]_{T+1} + r\,NPV_{T+1}$$

bzw. in Wachstumsraten durch entsprechendes Umformen

$$(11) \quad g = \frac{[G(1 - s)]_{T+2} - [G(1 - s)]_{T+1}}{[G(1 - s)]_{T+1}}$$

$$= \frac{r\,NPV}{G(1 - s)}$$

Durch Auflösen nach NPV und Einsetzen in (9) ergibt sich schließlich die Zählergrößen von (8), in der $\frac{g}{r}$ als diejenige Nettoinvestitionsrate bezeichnet werden kann, die erforderlich ist, um das operative Ergebnis G(1-s) um die Rate g zu erhöhen. $\frac{g}{r}$ ist also die bezüglich g und r konsistente Wachstumsrate der Nettoneuinvestitionen, wobei für positive Fortführungswerte $r>g$ gelten muß.

4.7.3 Würdigung des Integrationsansatzes

Sowohl als resümierende Würdigung als auch als Bezugnahme zum eingangs dieses Abschnitts erwähnten Entstehungshintergrund bleibt festzuhalten, daß der vorgestellte Integrationsansatz neben seiner aktionärsausgerichteten Bezugnahme zum Beteiligungskapitalmarkt nicht nur die funktionale Lücke zwischen Unternehmensführung einerseits und Unternehmensbewertung andererseits, sondern auch die personelle Lücke zwischen Shareholdern und Stakeholdern zu schließen oder zumindest zu verringern vermag.

Dadurch bleibt eine primäre Ausrichtung an Wertgrößen bestehen, und es erfolgt nur sekundär eine Ausrichtung auf strategische Planungsinstrumente des Marketing wie die Lücken-, die Lebenszyklus-, die Portfolio- und die Situationsanalyse, die in erster Linie auf die Erzielung von Wettbewerbsvorteilen abzielen. Diese strategischen Planungsinstrumente berücksichtigen aber durch ihre Fokussierung auf die Markt- bzw. Wettbewerbsstellung Wertgeneratoren und Nutzenpotentiale nur unzureichend, weswegen eine wertausgerichtete Unternehmensführung nicht möglich ist. Diese geschieht erst durch den vorgestellten Integrationsansatz, der die Güte unternehmerischer Handlungen nach den Auswirkungen auf den Marktwert des Unternehmens beurteilt. Von daher stellt der vorgestellte Ansatz sowohl ein Planungs- als auch ein Controllinginstrument dar.

Auch wenn kritisch eingewendet werden kann, daß mit zunehmender Markteffizienz die Interessenlagen anderer Unternehmensbeteiligter weitgehend internalisiert werden,[316)] so muß dem doch entgegengehalten werden, daß einerseits die Messung des Effizienzgrades nicht nur konzeptionell mit Schwierigkeiten behaftet ist und andererseits dadurch keine explizite Berücksichtigung von Stakeholderinteressen gewährleistet ist, wie das durch den Term I(b,w) geschieht. Gerade hiermit erfolgt die Erfassung machtbedingter personeller Synergieeffekte, die zu einer Beeinflussung unternehmerischer Entscheidungen führen und damit eine Änderung der Bewertung verursachen.

Weiterhin erfaßt die auf diese Weise verletzte Werteadditivität eine Unvollkommenheit des Marktes, die im Gegensatz zur vollkommenen Shareholder

---

316) Vgl. Becker, Gernot M. (1995), S. 124.

Value Welt eine Stakeholderbezugnahme erforderlich macht. Der im Shareholder Value Ansatz unterstellte vollkommene Kapitalmarkt ist eben dadurch nicht gegeben, daß auf personeller Ebene eine Unvollständigkeit vorliegt. In diesem Sinne ist das Fehlen der in Abschnitt 4.2 aufgeführten umfassenden Vollständigkeit als Unvollkommenheit zu werten, d.h. Marktvollkommenheit ist als gegenüber Marktvollständigkeit übergeordnetes Marktcharakteristikum zu verstehen. Das Marktcharakteristikum der Effizienz wird nach dem Unmöglichkeitsresultat des Abschnitts 4.3 verletzt, sofern die Machtkonstellation des Minimalliberalismus immer ausgeübt wird, d.h. es wird neben einer positiven Machtbasis ein positiver Machtausübungswille unterstellt. Nach den Identifizierungskriterien des Abschnitts 3.1.4 sind damit insbesondere strategische Anspruchsgruppen erfaßt.

Inwieweit durch den Integrationsansatz die interessenbedingten Unvollkommenheiten bewertungsmäßig beseitigt werden können, hängt davon ab, in welchem Maße die Größe I(b,w) die bestehenden personellen Externalitäten quantitativ zu erfassen in der Lage ist. Insbesondere bleibt zu untersuchen, inwiefern die einzelnen Stakeholderinteressen aggregierbar sind. Was deren Bedrohungspotential anbelangt, so lassen sich hier beispielsweise Rückschlüsse über den Konzentrationsgrad und die Organisationsstruktur der einzelnen Stakeholdergruppen gewinnen. Ebenso könnten geeignet abgewandelte Machtindices als Stellvertretergröße für I(b,w) Verwendung finden.[317] Auf allokationstheoretischer Ebene bietet sich das Kernkonzept an, da es das Bedrohungspotential von „Stakeholder" Koalitionen in einem formalen Rahmen zu analysieren gestattet und gleichzeitig durch die Kernäquivalenztheoreme eine Verbindung zum Marktbewertungssystem der Preise herstellt.[318] So lassen sich etwa unter geeigneten Umweltspezifikationen die sich durch personalisierte Preise ergebenden Lindahl-Gleichgewichte als Kernallokationen darstellen.[319]

---

317) Taylor, Alan D. (1995), Kapitel 4 und 9 gibt einen Überblick über verschiedene Machtindices und vergleicht diese anhand der politischen Machtbasis des US-amerikanischen Präsidenten. Aufgrund ihrer unterschiedlichen konzeptionellen Ausgestaltungsformen unterscheiden sich die Ergebnisse der Machtindices stark.

318) Für einen Überblick über das auf Kooperation beruhende Konzept des Kerns und seine Beziehung zum dezentralen Konzept von Preisen sei auf Mas-Colell, Andreu; Winston, Michael D. und Green, Jerry R. (1995) Kapitel 18 und die dort angegebene Literatur verwiesen. Die Größe w wäre bei dieser spieltheoretischen Betrachtungsweise als das Ausmaß einer glaubhaften Drohung der Koalitionen zu interpretieren.

319) Wiesmeth, Hans (1995) weist für den Fall regionaler öffentlicher Güter mit lokalen Überfüllungseffekten die Äquivalenz zwischen Lindahl-Gleichgewichten und den entsprechenden Kernallokationen nach. Obwohl das Einstimmigkeitsprinzip des Lindahl-Gleichgewichts mit seinem Konzept der individuellen „Privatisierung" öffentlicher Güter ein geeignetes theoretisches Bewertungskonzept ist, scheint das entsprechende Äquivalenzresultat wegen seiner Ausrichtung auf öffentliche Güter im Stakeholder Kontext mit seinem Individualbezug nicht anwendbar.

Eine letzte Einwendung betrifft die Verwendung durchschnittlicher gewichteter Kapitalkosten. Neben dem methodischen Zirkularitätsproblem wird auch auf praktischer Ebene argumentiert, daß Änderungen in der Kapitalstruktur den Unternehmenswert durch steuerliche, auf veränderte Anreize und Kontrollen beruhende sowie transaktionskostenbedingte Rückkopplungseffekte verändern können.[320)] Es wird deswegen anstelle einer Modifizierung der Kapitalkostensätze eine Korrektur der Zählergrößen, also der freien Cash Flows, um die oben angeführten finanziellen Folgeeffekte vorgeschlagen.[321)] Allerdings ist diese Korrektur ebenso über die Nennergröße der Kapitalkosten möglich,[322)] wie auch hierdurch erst die synergetischen Bewertungseffekte der entsprechenden Finanzierungsparten erfaßt werden können.

Abschließend darf deswegen ein im Sinne dieser Arbeit entwickeltes Stakeholder Konzept nicht nur wegen seiner theoretischen Konsequenzen sondern auch wegen seiner praktischen Eignung als eine sinnvolle Alternative zur ausschließlichen Shareholder Value Orientierung gewertet werden.

---

320) Vgl. Drukarczyk, Jochen und Richter, Frank (1995), S. 561.

321) Brealey, Richard A. und Myers, Stewart C. (1996), Kapitel 19 sprechen vom Adjusted-Present-Value. Dieser APV-Ansatz ermittelt den Unternehmenswert, indem ausgehend von einer vollständigen Eigenfinanzierung sämtliche finanzielle Folgeeffekte in Gegenwartswerten sukzessive erfaßt und dem Unternehmensbarwert bei Eigenfinanzierung zugeschlagen werden. Diese komponentenweise Bewertung unterstellt damit Werteadditivität.

322) Es sei an die Größe s aus (2) erinnert.

5. Zusammenfassung der Ergebnisse

1. Die Finanzwirtschaft der Unternehmung liegt an der Schnittstelle zwischen Volks- und Betriebswirtschaftslehre, indem sie auf der einen Seite aus funktionaler Sicht auf die Mikroeinheit Unternehmung abstellt und auf der anderen Seite im makromäßigen Umfeld die entsprechenden Finanzmärkte betrachtet.

2. Ein methodologischer Pluralismus, der je nach Untersuchungsgegenstand Elemente des A-Priorismus, des Positivismus, des Neo-Positivismus und des Instrumentalismus übernimmt, ist für interdisziplinäre Fragestellungen am ehesten geeignet.

3. Die Existenz von kapitalgeleiteten Unternehmungen läßt sich neben der durch Ressourcenkoordination ergebenden Leistungserstellung für die Nachfrager institutionell durch die transaktionskosteneinsparende Abwicklung nichtmarktmäßiger und nicht-staatserforderlicher Kooperationswünsche, personell durch das Ausnutzen synergetischer Teameffekte, technologisch durch vorhandene Skalen- und Verbundvorteile sowie durch die zweckmäßige Konzentration natürlicher Risiken in Unternehmen begründen.

4. Die neoklassische Theorie der Unternehmung verfolgt bei von realen Gegebenheiten abstrahierenden Umweltbedingungen das Monoziel der Gewinnmaximierung, das auf der theoretischen Ebene durch den Marginalismus zu Optimalitätsbedingungen führt und das hinsichtlich der praktischen Umsetzung neben methodischen Kontroversen zu Weiterentwicklungen wie dem verhaltensorientierten oder dem Shareholder Value Ansatz geführt hat.

5. Das Harvard Policy Modell versucht, in einer Hinführung zum Stakeholder Ansatz zusätzlich zur residualerfolgsabhängigen Eigenverantwortlichkeit des Unternehmers auch dessen soziale Fremdverantwortung durch ein am jeweiligen Menschenbild orientiertes Wertesystem der Unternehmensführung zu berücksichtigen, so daß neben die Koordination von Ressourcen eine Koordination von Werten und ein Ausgleich divergierender Interessen tritt.

6. Die Entstehung des Stakeholder Ansatzes beruht auf der Koalitionstheorie, nach der Mitglieder von Organisationen in einem konfligierenden Verhandlungsprozeß ihr jeweiliges Zielsystem herausbilden, und der Anreiz-Beitrags-Theorie, die den Beitritt zu Organisationen utilitaristisch erklärt und die das Zustandebringen eines Anreiz-Beitrags-Gleichgewichts durch fortwährende Anspruchsanpassung der Organisationsmitglieder als unternehmerische Funktion postuliert.

7. Die soziologische Entwicklungsgeschichte der Unternehmung läßt sich von der mechanischen Auffassung der Unternehmung als Maschine, die die Arbeit als bloßer homogener Produktionsinput versteht, über die von Überleben und Wachstum geprägte biologische Auffassung der Unternehmung als Organismus bis zur organisatorischen Stakeholderauffassung verfolgen, wobei jeder historischen Entwicklungsstufe eine der drei ökonomischen wertgerichteten Unternehmenspolitiken zuzuordnen ist.

8. Stakeholder lassen sich nach ihrer Einflußnahmemöglichkeit auf den Unternehmens(fort)bestand in Primäre und Sekundäre sowie nach ihrer Unternehmensangehörigkeit in Interne und Externe einteilen, so daß allgemein eine Klassifizierung von Stakeholdern nach deren Beziehungen zum Unternehmen geschieht.

9. Die Identifizierung von Stakeholdern erfolgt in einem zweistufigen Vorgehen zum einen durch deren Bedrohungspotential auf die Unternehmung, indem sich nach dem Vorhandensein bzw. Fehlen von Machtbasis und/oder Machtausübungswillen strategische Anspruchsgruppen, Quasi-Anspruchsgruppen und bloße Bezugsgruppen unterscheiden lassen, und zum anderen durch das Abstellen auf implizite Ansprüche, über die eine Bewertung von Stakeholdern erfolgen kann.

10. Implizite Ansprüche sind aufgrund transaktionskostenbedingter unzureichender Spezifikations- und fehlender Seperationsmöglichkeiten keiner expliziten vertraglich-rechtlichen Fixierung zugänglich, wodurch sich für die Finanzmarkttheorie Auswirkungen infolge verletzter Werteadditivität ergeben.

11. Implizite Ansprüche von Stakeholdern besitzen eine empirische Relevanz wie verschiedene Länderstudien zeigen, die die Bedeutung von sonstigen Nichteigentümerinteressen belegen.

12. Der Wert impliziter Ansprüche, aufgefaßt als Differenz zwischen den mit ihnen verbundenen zukünftigen Erträgen und Aufwendungen, bestimmt sich objektbezogen aus den ihnen zugrundeliegenden Basisobjekten und den informationsabhängigen Erwartungen über diese Basisobjekte, subjektbezogen aus dem Bedrohungspotential der Stakeholder, so daß eine Bewertung gleicher impliziter Ansprüche machtwillenbedingt unterschiedlich ausfallen kann, externalitätenbezogen aus den zwischen impliziten Ansprüchen und Basisobjekten resultierenden Spillovereffekten und der aus Informationsasymmetrien entstehenden Opportunismusgefahr, sowie umweltbezogen aus staatlichen Regulierungsaktivitäten auf rechtlicher wie ökonomischer Ebene, so daß aufgrund dieser komplexen Vielzahl von Wertedeterminanten eine Bewertung impliziter Ansprüche auf höchster Unternehmensebene angesiedelt sein sollte.

13. In methodologischer Hinsicht liegt die Bedeutung des Stakeholder Ansatzes darin, daß er als ursprünglich betriebswirtschaftlich geprägtes Konzept durch Anwendung auf volkswirtschaftliche Theorien in der Lage ist, einen Spannungsausgleich zwischen Theorie und Praxis herbeizuführen, indem er realitätsbezogene Merkmale berücksichtigt. Diese liegen zum einen in der Erfassung divergierender Interessenlagen von unterschiedlichen Anspruchsgruppen der Unternehmung und zum anderen als Folge hieraus in der Berücksichtigung realer Unvollkommenheiten in der neoklassisch geprägten Finanzierungstheorie der Unternehmung.

14. Den jeweiligen Zielsetzungen der Theorie der Unternehmung oder des Harvard Policy Modells entsprechend bedingt eine optimale Unternehmenspolitik entweder eine kapitalkostenminimale Finanzierung bzw. kapitalwertmaximale Investition oder eine sich zusätzlich am Wertesystem orientierende Finanzierung, wodurch je nach inhaltlicher Ausgestaltung und Gewichtung monetär suboptimale Finanzierungsvorgänge erklärt werden können.

15. Die Vollständigkeit von Märkten richtet sich nach den das jeweilige Vollständigkeitskonzept ausmachenden Merkmalen, so daß sich eine isomorphe umfassende Vollständigkeit, vermögenspositionenabhängige Vollständigkeiten der Finanzmarkttheorie mit praktischer Struktur- und theoretischer Determiniertheitsrelevanz sowie personelle Vollständigkeit unterscheiden lassen.

16. Nach dem Liberalitätsparadoxon besteht bei unbeschränktem Präferenzenbereich der Individuen eine theoretische Unvereinbarkeit zwischen bestimmten Machtkonstellationen in Form des Minimalliberalismus, dem Effizienzkriterium des schwachen Pareto-Prinzips und der Konsistenzbedingung der Transitivität.

17. Der Einfluß von Stakeholder Ansprüchen auf die Finanzierungstheorie liegt in einer aus Separationsunmöglichkeiten und machtbedingten personenbezogenen Synergieeffekten herrührenden Verletzung des Prinzips der Werteadditivität, woraus sich neben Arbitragemöglichkeiten Finanzierungsrelevanzen sowie die Nicht-Separabilität von Unternehmensentscheidungen und Auswirkungen auf die betriebliche Organisationsgestaltung ergeben.

18. Eine allokationstheoretische Internalisierung der impliziten Ansprüche innewohnenden Externalität durch das Coase-Theorem, die Pigou-Steuer oder Implementierungsmechanismen scheitert neben theoretischen, für die Realität relevanten bestehenden Unzulänglichkeiten und Unmöglichkeiten an den implizite Ansprüche ausmachenden Merkmalen, so daß mögliche staatlich-judikative Maßnahmen ihre Wirkung verfehlen.

19. Die Erklärung der Finanzierungsrelevanz impliziter Ansprüche erfolgt durch ein einfaches Modell, in dem der beobachtbare Verschuldungsgrad bei erfolgreichen Unternehmen ein positiv korreliertes Signal über den Umfang bestehender unbeobachtbarer impliziter Ansprüche darstellt.

20. Die mit impliziten Ansprüchen zunehmende Fremdfinanzierung findet ihre ökonomische Begründung in einem Reputationsübertragungsargument von der Personengruppe der Fremdfinanziers auf diejenige der Stakeholder, wodurch sich auch die notwendige hohe Eigenfinanzierung junger Unternehmen erklären läßt, und in der Pufferfunktion impliziter Ansprüche bei der Risikopolitik der Unternehmung sowie schließlich, übertragen auf die Free Cash Flow Theorie, in der Kontrollfunktion der Verschuldung.

21. Das CAPM liefert für die Bewertung unsicherer Investitionsprojekte im Rahmen eines idealisierten und vollkommenen Kapitalmarktes durch die Kapitalmarkt- und Wertpapiermarktlinie Aussagen in Form eines linearen Zusammenhangs zwischen Rendite und Beta-Risiko.

22. Nach den Kriterien des Stakeholder Ansatzes ist das CAPM derart zu beurteilen, daß es die Werteadditivitätseigenschaft aufweist und eine formale Marktvollständigkeit besitzt, aber unvollständig im Sinne der allgemeinen finanzmarkttheoretischen Vollständigkeitsdefinition und unvollständig im Hinblick auf die Berücksichtigung von Stakeholderinteressen ist.

23. Die Erweiterung des ursprünglichen CAPM durch nicht-marktfähige Finanztitel kann nicht als Stakeholder gerechte Vervollständigung des CAPM dienen, da es weder eine personenbezogene Differenzierung vornimmt, noch da implizite Ansprüche mit Nicht-marktfähigen Finanztiteln ausgestaltungsmäßig vergleichbar sind.

24. Die Vervollständigung des CAPM erfolgt über den Ansatz $cov(j,M + S) + I(b,w) = cov(k,M + S)$, wodurch die Bewertungsgleichung $P_{o,j} = \frac{1}{1 + R_F} [\bar{P}_{1,j} - \tilde{\lambda} (cov(k,M + S) - I(b,w))]$ nicht nur wegen $I''(b,w) \neq 0$ die Werteadditivität verletzt, sondern auch implizite Ansprüche durch die Bewertungskomponente des Bedrohungspotentials I(b,w) von Stakeholdern erfaßt.

25. Für eine praktische Umsetzung des Stakeholder Ansatzes ist eine subjektive Nutzwertanalyse aufgrund ihrer mehrfachen Manipulationsanfälligkeit nicht geeignet, so daß ein marktbezogener Integrationsansatz zur Anwendung kommt.

26. Die Integration des Stakeholder in den Shareholder Value Ansatz erfolgt über die mit den gewichteten durchschnittlichen Kapitalkosten abgezinsten zukünftigen freien Cash Flows, wodurch im Rahmen einer Unternehmensbewer-

tung Wertedifferenzen aufgedeckt werden, die dann durch die Unternehmensführung mit Hilfe von Wertsteigerungsinstrumenten geschlossen werden sollen.

27. Die integrative Berücksichtigung impliziter Stakeholder Ansprüche in dem Shareholder Value Ansatz hilft durch personelle Vervollständigung und Erfassung machtbedingter Synergieeffekte, reale Unvollkommenheiten für die Finanzwirtschaft und die Finanzmarkttheorie zu verringern.

Literaturverzeichnis

ACHLEITNER, Paul: Sozialpolitische Strategien multinationaler Unternehmungen, Dissertation, Hochschule St. Gallen, Bern (1985).

ACKERMANN, Robert W. und BAUER, Raymond H.: Corporate Social Responsiveness: The Modern Dilemma, Reston (1976).

ACKOFF, Russell Lincoln: Creating the Corporate Future, New York et al. (1981).

ALBACH, Horst: Zur Theorie des wachsenden Unternehmens, in: Krelle, Wilhelm (Hrsg.): Theorie des einzelwirtschaftlichen und des gesamtwirtschaftlichen Wachstums, Schriften des Vereins für Socialpolitik, Neue Folge, Band 34, Berlin (1965), S. 9-97.

ALCHIAN, Armen A.: Uncertainty, Evolution and Economic Theory, in: Journal of Political Economy, Vol. 58 (1950), S. 211-221.

ALCHIAN, Armen A. und WOODWARD, Susan: Reflections on the Theory of the Firm, in: Journal of Institutional and Theoretical Economics – Zeitschrift für die gesamte Staatswissenschaft, Vol. 143 (1987), S. 110-136.

ALCHIAN, Armen A. und WOODWARD, Susan: The Firm is Dead; Long Live the Firm – A Review of Oliver E. Williamson's 'The Economic Institutions of Capitalism', in: The Journal of Economic Literature, Vol. 26 (1988), S. 65-79.

ALESSI, Louis de: Property Rights, Transaction Costs, and X-Efficiency: An Essay in Economic Theory, in: The American Economic Review, Vol. 73 (1983), S. 64-81.

ALLEN, Robert E. (Hrsg.): The Concise Oxford Dictionary, 8. Auflage, Oxford (1990).

ANDREWS, Kenneth R.: The Concept of Corporate Strategy, 3. Auflage, Homewood (1987).

ANSOFF, H. Igor: Implanting Strategic Management, Englewood Cliffs, New Jersey (1984).

AOKI, Masahiko: The Co-operative Game Theory of the Firm, 2. Auflage, Oxford et al. (1986).

ARROW, Kenneth J.: Le rôle de valeurs boursieres pour la prépartition la meilleure des risques, in: Cahiers du Seminaire d'Econométrie, Colloques Internationaux du Centre National de la Recherche Scientifique, Vol. 11 (1953), S. 41-48; ins Englische übersetzt in: Review of Economic Studies, Vol. 31 (1964), S. 91-96.

AUMANN, Robert J.: Markets with a Continuum of Traders, in: Econometrica, Vol. 32 (1964), S. 39-50.

BAMBERG, Günter und COENENBERG, Adolf Gerhard: Betriebswirtschaftliche Entscheidungslehre, 8. Auflage, München (1994).

BARNARD, Chester J.: The Functions of the Executive, Cambridge (1938).

BAUMOL, William J.: Business Behaviour, Value and Growths, 2. Auflage, New York (1967).

BAYER-AG (Hrsg.): Bayer Geschäftsberichte 1994 und 1995, Leverkusen (1995) und (1996).

BEAVER, William H.: Financial Ratios and Predictors of Failure, in: Empirical Research in Accounting: Selected Studies, Supplement to Journal of Accounting Research (1966), S. 77-111.

BECKER, Gernot: Shareholder Value Analysis als Instrument der strategischen Planung, in: Das Wirtschaftsstudium (WISU), Vol. 24 (1995), S. 122-124.

BERLE, Adolf A.: Corporate Powers as Powers in Trust, in: Harvard Law Review, Vol. 44 (1931), S. 1049-1074.

BERLE, Adolf A. und MEANS, G.: The Modern Corporation and Private Property, New York (1932).

BERNSTEIN, P.: Capital Ideas, New York (1992).

BLACK, Fischer: Capital Market Equilibrium with Restricted Borrowing, in: Journal of Business, Vol. 45 (1972), S. 444-455.

BLAUG, Mark: The Methodology of Economics – or How Economists Explain, Cambridge et al. (1980).

BLOHM, Hans und LÜDER, Klaus: Investition – Schwachstellen im Investitionsbereich des Industriebetriebes und Wege zu ihrer Beseitigung, 8. Auflage, München (1995).

BOATSMAN, James R. und BASKIN, Elba F.: Asset Valuation with Incomplete Markets, in: The Accounting Review, Vol. 56 (1981), S. 38-53.

BÖHI, Daniel: Stakeholder-Management bei Swissair, in: Die Unternehmung – Schweizerische Zeitschrift für betriebswirtschaftliche Forschung und Praxis, Vol. 47 (1993), S. 21-31.

BOEHM-TETTELBACH, Patricia: Unternehmenspolitischer Rahmen und Strategisches Management, München (1990).

BÖRSIG, Clemens: Unternehmenswert und Unternehmensbewertung, in: Zeitschrift für Betriebswirtschaft, Vol. 45 (1993), S. 79-91.

BOHMERT, Friedrich: Der Auftrag der Unternehmung zur Verbesserung der Lebensqualität, in: Betriebswirtschaftliche Forschung und Praxis, Vol. 26 (1974), S. 367-377.

BOSSERT, Walter und STEHLING, Frank: Theorie kollektiver Entscheidung – Eine Einführung, Berlin et al. (1990).

BOUDREAUX, Donald J. und HOLCOMBE, Randall G.: The Coasian and Knightian Theories of the Firm, in: Managerial and Decision Economics, Vol. 10 (1989), S. 147-154.

BREALEY, Richard A. und MYERS, Stewart C.: Principles of Corporate Finance, 5. Auflage, New York et al. (1996).

BREID, Volker: Aussagefähigkeit agencytheoretischer Ansätze im Hinblick auf die Verhaltenssteuerung von Entscheidungsträgern, in: Zeitschrift für betriebswirtschaftliche Forschung, Vol. 47 (1995), S. 821-854.

BREUER, Wolfgang: Swaps und komparative Kostenvorteile, Wirtschaftsstudium, Vol. 25 (1996), S. 147-149.

BÜHNER, Rolf: Das Management-Wert-Konzept: Strategien zur Schaffung von mehr Wert im Unternehmen, Stuttgart (1990).

BÜHNER, Rolf: Shareholder Value – Eine Analyse von 50 großen Aktiengesellschaften in der Bundesrepublik Deutschland, in: Die Betriebswirtschaft, Vol. 53 (1993), S. 749-769.

BÜHNER, Rolf und WEINBERGER, Hans-Joachim: Cash-Flow und Shareholder Value, in: Betriebswirtschaftliche Forschung und Praxis, Vol. 43 (1991), S. 187-208.

BUND KATHOLISCHER UNTERNEHMER e.V.: Auf dem Weg zu einer neuen Arbeitskultur – Gestaltungsaufgaben für Unternehmer in einer veränderten Arbeitswelt – Aussagen zum 40. Jahrestag des BKU, Wiesbaden (1989).

BUONO, Anthony F. und NICHOLS, Larry T.: Corporate Policy, Values and Social Responsibility, New York (1985).

BUSSE VON COLBE, Walther: Entwicklungstendenzen in der Theorie der Unternehmung, in: Zeitschrift für Betriebswirtschaft, Vol. 34 (1964), S. 615-627.

CHAMBERLAIN, Neil, W.: The Firm: Micro-Economic Planning and Action, New York et al. (1962).

CLEGG, Stewart R.: Frameworks of Power, London et al. (1994).

COASE, Ronald H.: The Nature of the Firm, in: The American Economic Review, Vol. 21 (1931), S. 648-657.

COASE, Ronald H.: The Problem of Social Cost, in: Law and Economics, Vol. 3 (1960), S. 1-44.

COPELAND, Thomas E. und WESTON, John Fred: Financial Theory and Corporate Policy, 3. Auflage, Reading et al. (1992).

COPELAND, Tom; KOLLER, Tim und MURRIN, Jack: Unternehmenswert: Methoden und Strategien für eine wertorientierte Unternehmensführung, Frankfurt am Main et al. (1993).

CORNELL, Bradford und SHAPIRO, Alan C.: Corporate Stakeholders and Corporate Fiance, in: Financial Management, Vol. 16 (1987), S. 5-14.

COURNOT, Augustin: Recherches sur les principes mathématiques de la théorie des richesses, Paris (1838).

CYERT, Richard M. und HEDRICK, Charles L.: Theory of the Firm: Past, Present, and Future; An Interpretation, in: The Journal of Economic Literature, Vol. 10 (1972), S. 398-412.

CYERT, Richard M. und MARCH, James G.: A Behavioural Theory of the Firm, Englewood Cliffs, New Jersey (1963).

DANIEL, Coldwell: Exit in the Theory of the Firm, in: Quarterly Review of Economics and Business, Vol. 20 (1980), S. 35-40.

DEBREU, Gerard: Theory of Value, New York (1959).

DEBREU, Gerard: Excess Demand Functions, in: Journal of Mathematical Economics, Vol. 1 (1974), S. 15-23.

DODD, E.M.: For Whom are Corporate Managers Trustees?, in: Harvard Law Review, Vol. 45 (1932), S. 1145-1163.

DRUKARCZYK, Jochen und RICHTER, Frank: Unternehmensgesamtwert, anteilseignerorientierte Finanzentscheidungen und APV-Ansatz, in: Die Betriebswirtschaft, Vol. 55 (1995), S. 559-580.

DYBVIG, Philip H. und ROSS, Stephen A.: Arbitrage, in: Eatwell, John; Milgate, Murray und Newmann, Peter (Hrsg.): The New Palgrave – A Dictionary of Economics, Band 1, London et al. (1987).

DYLLIK, Thomas: Das Anspruchsgruppenkonzept: Eine Methode zum Erfassen der Umweltbeziehungen der Unternehmung, in: Management-Zeitschrift io, Vol. 53 (1984), S. 74-78.

ECHEVARRÍA, Santiago García: Competitividad y Cooperacion Como Valores Institucionales De La Empresa, Alcalá de Henares (1993).

ELTON, Edwin J. und GRUBER, Martin J.: Modern Portfolio Theory and Investment Analysis, 5. Auflage, New York et al. (1995).

EWING, David: Who Wants Corporate Democracy?, in: Harvard Business Review, Vol. 49 (1971), S. 146-149.

FAMA, Eugene F.: Efficient Capital Markets: A Review of Theory and Empirical Work, in: The Journal of Finance, Vol. 25 (1970), S. 383-417.

FISHER, Irving: The Theory of Interest, New York (1930).

FRANKE, Günter und HAX, Herbert: Finanzwirtschaft des Unternehmens und Kapitalmarkt, 3., neubearbeitete Auflage, Berlin et al. (1994).

FREEMAN, Robert E.: Strategic Management – A Stakeholder Approach, Boston et al. (1984).

FREEMAN, R. Edward und REED, David L.: Stockholders and Stakeholders – A New Perspektive on Corporate Governance, in: California Management Review, Vol. 25 (1983), S. 88-106.

FRIEDMAN, Milton: Essays in Positive Economics, Chicago (1953).

GABELE, Eduard; KIRSCH, W. und TREFFERT, J.: Werte von Führungskräften der deutschen Wirtschaft – Eine empirische Analyse, München (1977).

GEOFFRON, Patrice: Évolution et perspectives du corps analytique des innovations financières – A Critical Assessment of Financial Innovation Theories, in: revue d'économie politique, Vol. 102 (1992), S. 843-872.

GIBBARD, Alan: Manipulation of Voting Schemes: A General Result, in: Econometrica, Vol. 41 (1973), S. 587-601.

GOMEZ, Peter: Wertorientierte Strategieplanung, in: Der Schweizer Treuhänder, Vol. 11 (1990), S. 557-562.

GOMEZ, Peter und WEBER, Bruno: Akquisitionsstrategie – Wertsteigerung durch Übernahme von Unternehmungen, Stuttgart et al. (1989).

GROSSMAN, Sanford und HART, Oliver: Corporate Financial Structure and Managerial Incentives, in: McCall J. (Hrsg.): The Economics of Information and Uncertainty, Chicago (1982), S. 107-137.

GUATRI, Luigi: Theorie der Unternehmenswertsteigerung – Ein europäischer Ansatz, Wiesbaden (1994).

GUTENBERG, Erich: Einführung in die Betriebswirtschaftslehre, Wiesbaden (1958).

GUTENBERG, Erich: Grundlagen der Betriebswirtschaftslehre, 1. Band: Die Produktion, 23., unveränderte Auflage, Berlin et al. (1979).

GUTENBERG, Erich: Grundlagen der Betriebswirtschaftslehre, 3. Band: Die Finanzen, 8., ergänzte Auflage, Berlin et al. (1980).

HACHMEISTER, Dirk: Der Discounted Cash Flow als Maß der Unternehmenswertsteigerung, Frankfurt am Main et al. (1995).

HALEY, Charles W. und SCHALL, Lawrence D.: The Theory of Financial Decisions, New York et al. (1973).

HARRIS, Milton und RAVIV, Arthur: The Theory of Capital Structure, in: The Journal of Finance, Vol. 46 (1991), S. 297-355.

HESSE, Günter: Staatsaufgaben – Zur Theorie der Legitimation und Identifikation staatlicher Aufgaben, Baden-Baden (1979).

HILDENBRAND, Werner: Market Demand: Theory and Empirical Evidence, Princeton (1994).

HILDENBRAND, Werner und KIRMAN, Alan P.: Equilibrium Analysis, Amsterdam et al. (1988).

HOLLAND, Thomas E.: The Periodic Table of the Neoclassical Paradigm, in: American Economist, Vol. 27 (1983), S. 30-36.

HUNDT, Sönke: Zur Theoriegeschichte der Betriebswirtschaftslehre, Köln (1977).

HUTCHINSON, Terence W.: The Significance and Basic Postulates of Economic Theory, New York (1938).

JANISCH, Monika: Das strategische Anspruchsgruppenmanagement – Vom Shareholder Value zum Stakeholder Value, Bern et al. (1993).

JENSEN, Michael C.: Agency Costs of Free Cash Flow, Corporate Finance, and Take-overs, in: The American Economic Review, Vol. 76 (1986), S. 323-329.

JENSEN, Michael C. und MECKLING, William H.: Theory of the Firm: Managerial Behaviour, Agency Costs and Ownership Structure, in: Journal of Financial Economics, Vol. 3 (1976), S. 305-360.

JONAS, Martin: Zur Anwendung der Discounted-Cash-Flow Methode in Deutschland, in: Betriebswirtschaftliche Forschung und Praxis, Vol. 47 (1995), S. 83-98.

KELLY, Jerry S.: Social Choice Theory – An Introduction, Berlin et al. (1988).

KEYNES, John N.: The Scope and Method of Economic Science (1891), Wiederabdruck New York (1955).

KIRCHNER, Martin: Strategisches Akquisitionsmanagement im Konzern, Wiesbaden (1991), gleichzeitig: Dissertation, Universität Köln (1990).

KLEIN, Benjamin; CRAWFORD, Robert G. und ALCHIAN, Armen A.: Vertical Integration, Appropriable Rents, and the Competitive Contracting Process, in: The Journal of Law and Economics, Vol. 21 (1978), S. 297-326.

KNIGHT, Frank H.: Risk, Uncertainty and Profit, Boston et al. (1921).

KOLB, Robert W. und RODRIGUEZ, Ricardo J.: Principles of Finance, 3. Auflage, Boulder (1995).

KOOPMANS, Tjalling C.: Analysis of Production as an Efficient Combination of Activities, in: Koopmans, Tjalling C. (Hrsg.): Activity Analysis of Production and Application, New Haven et al. (1951), Kapitel III.

KOOPMANS, Tjalling C.: Three Essays on the State of Economic Science, New York (1957).

KOSIOL, Erich: Modellanalyse als Grundlage unternehmerischer Entwicklungen, in: Zeitschrift für handelswissenschaftliche Forschung, Vol. 13 (1961), S. 318-334.

KREPS, David M.: A Course in Microeconomic Theory, New York et al. (1990).

KRÜMMEL, Hans-Jacob: Kursdisparitäten im Bezugsrechtshandel, in: Betriebswirtschaftliche Forschung und Praxis, Vol. 16 (1964), S. 485-498.

KRUSCHWITZ, Lutz: Finanzierung und Investition, Berlin et al. (1995).

KRUSCHWITZ, Lutz und SCHÖBEL, Rainer: Die Beurteilung riskanter Investitionen und das Capital Asset Pricing Modell (CAPM), in: Wirtschaftswissenschaftliches Studium (WIST), Vol. 16 (1987), S. 67-72.

KUHN, Thomas S.: Die Struktur wissenschaftlicher Revolutionen, Frankfurt am Main (1973).

LAFFONT, Jean-Jacques: A Brief Overview of the Economics of Incomplete Markets, in: The Economic Record, Vol. 65 (1989), S. 54-65.

LELAND, Hayne E. und PYLE, David H.: Informational Asymmetries, Financial Structure, and Financial Intermediation, in: The Journal of Finance, Vol. 32 (1977), S. 371-387.

LESTER, Richard A.: Shortcomings of Marginal Analysis for Wage-Employment Problems, in: The American Economic Review, Vol. 36 (1946), S. 63-82.

LIEBL, Franz: Strategische Frühaufklärung: Trends – Issues – Stakeholders, München et al. (1996).

LINTNER, John: The Valuation of Risk Assets and the Selection of Risky Investments in Stock Portfolios and Capital Budgets, in: Review of Economics and Statistics, Vol. 47 (1965), S. 13-37.

LOHMANN, Martin: Einführung in die Betriebswirtschaftslehre, 4. Auflage, Tübingen (1964).

LOISTL, Otto: Kapitalmarkttheorie, 3., überarbeitete und erweiterte Auflage, München et al. (1994).

MACHLUP, Fritz: Rejoinder to an Antimarginalist, in: The American Economic Review, Vol. 37 (1947), S. 148-154.

MACHLUP, Fritz: The Economics of Sellers' Competition, Baltimore (1952).

MACHLUP, Fritz: Theories of the Firm: Marginalist, Behavioural, Managerial, in: The American Economic Review, Vol. 57 (1967), S. 1-33.

MACNEIL, Ian R.: The Many Futures of Contract, in: Southern California Law Review, Vol. 47 (1974), S. 691-816.

MALINVAUD, Edmond: Lectures on Microeconomic Theory, Amsterdam et al. (1972).

MALINVAUD, Edmond: Voies de la recherche macroéconomique, Paris (1991).

MARCH, James E. und SIMON; Herbert A.: Organizations, New York et al. (1958).

MARKOWITZ, Harry: Portfolio Selection, in: The Journal of Finance, Vol. 7 (1952), S. 77-91.

MARKOWITZ, Harry: Portfolio Selection: Efficient Diversification of Investment, New York (1959).

MARSCHAK, Jacob und RADNER, Roy: Economic Theory of Teams, New Haven et al. (1972).

MARSHALL, Alfred: Principles of Economics, London (1890).

MAS-COLELL, Andreu; WHINSTON, Michael D. und GREEN, Jerry R.: Microeconomic Theory, Oxford et al. (1995).

MAYERS, David: Nonmarketable Assets and Capital Market Equilibrium Under Uncertainty, in: Jensen, Michael C. (Hrsg.): Studies in the Theory of Capital Markets, New York et al. (1972), S. 223-248.

MILGROM, Paul und ROBERTS, John: Economics, Organisations, and Management, Prentice Hall (1992).

MILNOR, John W.: Games against Nature, in: Thrall Robert M.; Coombs, Clyde H. und Davies, Robert L.: Decision Process, New York et al. (1954), S. 49-59.

MITROFF, Ian I.: Stakeholders of the Organizational Mind, San Francisco et al. (1983).

MODIGLIANI, Franco und MILLER, Merton H.: The Cost of Capital, Corporation Finance, and the Theory of Investment, in: The American Economic Review, Vol. 48 (1958), S. 261-297.

MÖLLER, Hans-Peter: Stock Market Research in Germany: Some Empirical Results and Critical Remarks, in: Bamberg, Günter und Spremann, Klaus (Hrsg.): Risk and Capital – Lecture Notes in Economics and Mathematical Systems, Vol. 227 (1984), Berlin et al., S. 224-242.

MÖLLER, Hans-Peter: Die Bewertung risikobehafteter Anlagen an deutschen Wertpapierbörsen, in: Zeitschrift für betriebswirtschaftliche Forschung, Vol. 40 (1988), S. 779-797.

MOSSIN, Jan: Equilibrium in a Capital Asset Market, in: Econometrica, Vol. 34 (1966), S. 768-783.

MOSSIN, Jan: Theory of Financial Markets, Englewood Cliffs, New Jersey (1973).

MYERSON, Roger und SATTERTHWAITE, Mark: Efficient Mechanisms for Bilateral Trading, in: Journal of Economic Theory, Vol. 28 (1983), S. 265-281.

NIHON, SANGYO SHIMBUN vom 23. April 1990 und 5. Juli 1990; zitiert nach: Milgrom, Paul und Roberts, John (1992), S. 41.

NORDMANN, A.: Zielsetzungen der Schweizerischen Maschinenindustrie – Eine empirische Erhebung, Dissertation, Universität Zürich (1974).

NOWOTNY, Ewald: Der öffentliche Sektor, 2. Auflage, Berlin et al. (1991).

OECHSLER, Walter A.: Interessen und Unternehmensorganisationen – Zu wissenschaftstheoretischen Ansätzen und Problemen der Konfliktanalyse und des Konfliktmanagements, in: Dlugos, Günter (Hrsg.): Unternehmensbezogene Konfliktforschung, Stuttgart (1979), S. 193-208.

PENROSE, Edith Tilton: The Theory of the Growth of the Firm, 2. Auflage, Oxford (1980).

PERRIDON, Louis und STEINER, Manfred: Finanzwirtschaft der Unternehmung, 7., überarbeitete Auflage, München (1993).

PETERS, Thomas J. und WATERMAN Jr., Robert H.: In Search of Excellence – Lessons from America's Best-Run Companies, New York (1982).

PIGOU, Arthur C.: The Economics of Welfare, London (1920).

PILLER, G.K.: Sozialbilanz – Unternehmenspolitische Ziele in der gesellschaftsbezogenen Rechnungslegung, Thun et al. (1981).

POPPER, Karl R.: Logik der Forschung, 2., erweiterte Auflage, Tübingen (1966).

POSNER, Barry und SCHMIDT, Warren H.: Values and the American Manager: An Update, in: California Management Review, Vol. 26 (1984), S. 202-216.

PRESCOTT, Edward C. und VISCHER, Michael: Organizational Capital, in: Journal of Political Economy, Vol. 88 (1980), S. 446-461.

PÜMPIN, Cuno: Das Dynamik-Prinzip: Zukunftsorientierungen für Unternehmer und Manager, Düsseldorf (1989).

RAPPAPORT, Alfred: Selecting Strategies that Create Shareholder Value, in: Harvard Business Review, Vol. 59 (1981), S. 139-149.

RAPPAPORT, Alfred: Creating Shareholder Value – The New Standard for Business Performance, New York et al. (1986).

RAPPAPORT, Alfred: Discounted Cash Flow Valuation, in: The Mergers & Acquisitions Handbook, New York (1987).

ROBBINS, Lionel: An Essay on the Nature and Significance of Economic Science, London (1935).

ROBICHEK, Alexander A. und MYERS, Stewart C.: Conceptual Problems in the Use of Risk-Adjusted Discount Rates, in: The Journal of Finance, Vol. 21 (1966), S. 727-730.

ROBINSON, Joan: Economics of Imperfect Competition, 2. Auflage, London (1969).

ROLL, Richard: Critique of the Asset Pricing Theory's Tests, in: Journal of Financial Economics, Vol. 4 (1977), S. 129-176.

ROLL, Richard: Ambiguity when Performance is Measured by the Securities Market Line, in: Journal of Finance, Vol. 33 (1978), S. 1051-1069.

ROSS, Stephen A.: Options and Efficiency, in: Quarterly Journal of Economics, Vol. 90 (1976), S. 75-89.

ROSS, Stephen A.: The Determination of Financial Structure: The Incentive Signalling Approach, in: The Bell Journal of Economics, Vol. 8 (1977), S. 23-40.

ROSS, Stephen A.: A Simple Approach to the Valuation of Risky Streams, in: Journal of Business, Vol. 51 (1978), S. 453-474.

RUBINSTEIN, Mark: Derivative Assets Analysis, in: Journal of Economic Perspectives, Vol. 1 (1987), S. 73-93.

RÜHLI, Edwin: Shareholder- oder Stakeholderinteressen? Zur Kontroverse der SBG und der BZ-Gruppe VIII, in: Neue Zürcher Zeitung vom 16.11.1994, S. 14.

SANDMO, Agnar: Optimal Taxation – An Introduction into the Literature, in: Journal of Public Economics, Vol. 6 (1976), S. 37-54.

SATTERTHWAITE, Mark: Strategy – proofness and Arrow's Conditions: Existence and Correspondence Theorems for Voting Procedures and Social Welfare Functions, in: Journal of Economic Theory, Vol. 10 (1975), S. 187-217.

SCHMIDT, Klaus und SCHNITZER, Monika: The Interaction of Explicit and Implicit Claims, Sonderforschungsbereich 303 Discussionpaper No. A-452, Bonn (1994).

SCHNEIDER, Dieter: Geschichte betriebswirtschaftlicher Theorie – Allgemeine Betriebswirtschaftslehre für das Hauptstudium, München et al. (1981).

SCHNEIDER, Erich: Volkswirtschaft und Betriebswirtschaft – Ausgewählte Aufsätze, Tübingen (1964).

SCOTT ARMSTRONG, J.: Social Irresponsibility in Management, in: Journal of Business Research, Vol. 5 (1977), S. 185-213.

SELTEN, Reinhard: Towards a Theory of Limited Rationality, in: Scholz, R.W. (Hrsg.): Decision Making Under Uncertainty, Amsterdam et al. (1983), S. 409-412.

SEN, Amartya K.: The Impossibility of a Paretian Liberal, in: Journal of Political Economy, Vol. 78 (1970), S. 152-157.

SHAPIRO, Alan C. und TITMAN, Sheridan: An Integrated Approach to Corporate Risk Management, in: Midland Corporate Finance Journal (1985), S. 41-56.

SHARPE, William F.: A Simplified Model for Portfolio Analysis, in: Management Science, Vol. 9 (1963), S. 277-293.

SHARPE, William F.: Capital Asset Prices: A Theory of Market Equilibrium under Conditions of Risk, in: The Journal of Finance, Vol. 19 (1964), S. 425-442.

SHARPE, William F.: Capital Asset Prices without Negative Holdings, in: Finanzmarkt und Portfolio Management, Vol. 5 (1991), S. 212-225.

SHUBIK, Martin: A Curmudgeon's Guide to Microeconomics, in: Journal of Economic Literature, Vol. 8 (1970), S. 405-434.

SONNENSCHEIN, Hugo: Do Walras' Identity and Continuity Characterize the Class of Community Excess Demand Functions?, in: Journal of Economic Theory, Vol. 6 (1973), S. 345-354.

SPREMANN, Klaus: Reputation, Garantie, Information, in: Zeitschrift für Betriebswirtschaft, Vol. 58 (1988), S. 613-629.

SPREMANN, Klaus: Stakeholder-Ansatz versus Agency-Theorie, in: Zeitschrift für Betriebswirtschaft, Vol. 59 (1989), S. 742-746.

SPREMANN, Klaus: Investition und Finanzierung, 4., verbesserte Auflage, München et al. (1991).

SÜCHTING, Joachim: Finanzmanagement – Theorie und Politik der Unternehmensfinanzierung, 6., vollständig überarbeitete und erweiterte Auflage, Wiesbaden (1995).

SWOBODA, Peter: Betriebliche Finanzierung, 3., überarbeitete Auflage, Heidelberg (1994).

TAYLOR, Alan D.: Mathematics and Politics – Strategy, Voting Power and Proof, New York et al. (1995).

THÜNEN, Johann Heinrich von: Der isolierte Staat in Beziehung auf Landwirtschaft und Nationalökonomie, Berlin (1826).

TOBIN, James: Liquidity Preference as Behaviour towards Risk, in: Review of Economic Studies, Vol. 25 (1958), S. 75-86.

TREYNOR, Jack L.: Toward a Theory of the Market Value of Risky Assets, unveröffentlicht, (1961).

ULRICH, Peter: Die Großunternehmung als quasi-öffentliche Institution, Stuttgart (1977).

VARIAN, Hal R.: The Arbitrage Principle in Financial Economics, in: Journal of Economic Perspectives, Vol. 1 (1987), S. 55-72.

VARIAN, Hal R.: A Portfolio of Nobel Laureates: Markowitz, Miller and Sharpe, in: Journal of Economic Perspectives, Vol. 7 (1993), S. 159-169.

VARIAN, Hal R.: Mikroökonomie, 3., völlig überarbeitete und stark erweiterte Auflage, München et al. (1994).

VINER, Jacob: Cost Curves and Supply Curves, in: Zeitschrift für Nationalökonomie, Vol. 3 (1932), S. 23-46.

VORMBAUM, Herbert: Finanzierung der Betriebe, 6., durchgesehene Auflage, Wiesbaden (1981).

WAGNER, Ralph: Die Grenzen der Unternehmung – Beiträge zur ökonomischen Theorie der Unternehmung, Heidelberg (1994).

WALTHER, A.: Einführung in die Wirtschaftslehre der Unternehmung, Band 1, 2. Auflage, Zürich (1959).

WÄCHTER, H.: Unternehmungs- und Unternehmensziele im sozio-ökonomischen Feld, Göttingen (1969).

WERHAHN, Peter: Der Unternehmer – Seine ökonomische Funktion und gesellschaftspolitische Verantwortung, Köln (1990).

WIESMETH, Hans: The State Preference Approach to General Equilibrium in Corporate Finance, in: European Economic Review, Vol. 34 (1990), S. 1247-1265.

WIESMETH, Hans: Regionale öffentlichte Güter, in: Todt, Horst (Hrsg.): Schriften des Vereins für Socialpolitik, Neue Folge, Band 237, Berlin (1995), S. 37-58.

WILLIAMSON, Oliver E.: Corporate Controll and Business Behaviour, Englewood Cliffs, New Jersey (1970).

WILLIAMSON, Oliver E.: The Economic Institutions of Capitalism: Firms, Markets, Relational Contracting, New York et al. (1985).

WILLIAMSON, Oliver E.: Corporate Finance and Corporate Gouvernance, in: The Journal of Finance, Vol. 43 (1988), S. 567-591.

WÖHE, Günter und BILSTEIN, Jürgen: Unternehmensfinanzierung, 7., überarbeitete und erweiterte Auflage, München (1994).